客户服务实务

主　编　权　青　刘珍玉

副主编　万小慧

参　编　钱　锦　宗　慧　刘　曼　刘玉洁

机械工业出版社
CHINA MACHINE PRESS

本书以客户服务职业要求和"1+X"职业技能等级证书的岗位准则为编写依据，内容包含客户服务认知、客户识别与开发、客户分级与维护、客户服务内容、客户服务技巧、客户数据分析和客户服务质量管理。

为贯彻立德树人的根本任务，体现"做中学、学中做"的教学思路，本书内容以"理论＋案例＋实操＋数字资源"的模式呈现，实现线上与线下融合的立体化教学，夯实学生的客户服务基础知识，提升学生在"互联网＋"时代下的现代客户服务技能。

本书可以作为职业院校财经商贸类专业的基础课程教材，也可以作为电子商务专业的核心课程教材，还可以作为在职人员的培训用书，为新时期客户服务工作人员提供适合的学习资源。

图书在版编目（CIP）数据

客户服务实务 / 权青，刘珍玉主编 . —北京：机械工业出版社，2024.4（2025.1 重印）
ISBN 978-7-111-75127-4

Ⅰ . ①客… Ⅱ . ①权… ②刘… Ⅲ . ①客户 – 商业服务 – 职业教育 – 教材
Ⅳ . ① F719

中国国家版本馆 CIP 数据核字（2024）第 039857 号

机械工业出版社（北京市百万庄大街 22 号　邮政编码 100037）
策划编辑：邢小兵　　　　　责任编辑：邢小兵　单元花
责任校对：贾海霞　李　杉　封面设计：王　旭
责任印制：郜　敏
中煤（北京）印务有限公司印刷
2025 年 1 月第 1 版第 2 次印刷
184mm×260mm · 13 印张 · 276 千字
标准书号：ISBN 978-7-111-75127-4
定价：45.00 元

电话服务　　　　　　　网络服务
客服电话：010-88361066　机　工　官　网：www.cmpbook.com
　　　　　010-88379833　机　工　官　博：weibo.com/cmp1952
　　　　　010-68326294　金　书　网：www.golden-book.com
封底无防伪标均为盗版　机工教育服务网：www.cmpedu.com

党的二十大报告指出，"坚持高水平对外开放，加快构建以国内大循环为主体、国内国际双循环相互促进的新发展格局""加快发展数字经济，促进数字经济和实体经济深度融合，打造具有国际竞争力的数字产业集群"。作为数字经济产业中的重要领域，电商经济为数字经济的快速发展提供了强有力的支撑，已成为连接企业生产端和居民消费端、畅通国内国际双循环的重要力量。二十大报告中的重要论断为新时代电商行业发展勾画了深远蓝图，坚定了我们深耕电商行业的信心。

目前，电商企业已经由传统的经济效益导向转变为现代的客户服务导向。随着消费者消费水平的提升及消费结构的升级，电商企业要正确识别、开发、分析、维护客户，善于进行客户数据分析管理，探究客户的消费心理与消费意向，在外部竞争激烈的经济市场中争取到优质的客户资源。只有做好客户服务管理工作、保持企业核心竞争力，企业的产品和服务才能够在市场上占据更多份额。因此，本书从客服岗位实际出发，以职业能力和职业道德素养培养为本位，强调理论知识传授与职业能力培养协调并重。本书具有如下特色。

1. 定位明确，结构合理

本书基于工作过程导向，以"任务情境—知识储备—任务实施—任务评价—任务小结"为结构，每个项目结尾增设了"同步测试"模块，融教、学、做为一体，培养学生的实际应用能力，深入体现"以学生为主体""必需、够用"的职业教育理念。任务中还设有"行业动态""教学案例""知识拓展""做一做""练一练""想一想""议一议"等众多小栏目，内容涵盖行业发展、职业素养、典型工作任务、国家发展战略等，多样化的内容设计，提升了教材的可读性、趣味性，还增强了课堂的互动性，引导学生主动思考与实践。

2. 理论精炼，案例丰富

本书吸收最新理论成果，重点突出，理论描述简明扼要。书中案例丰富多样、贴近生活，特别是以一个职场新人不断成长发展的背景故事为案例切入，引导学生思考：在不同的工作阶段应储备哪些专业知识？可能面临哪些棘手的问题？如何在职场中迅速成长？案例编写逻辑性强，与理论内容结合紧密，并注重实用性、时代性和系统性，便于教师开展案例教学。

3. 校企对接，岗课融合

本书在编写过程中，依托产业学院、校外实训基地平台，邀请了企业专家及管理人员共同参与，职业素养、技能要求则根据企业工作实际进行设置。通过学习，学生可以参加"电子商务客户服务"职业技能等级考试，实现课堂教学与职业培训紧密结合。

4. 职业素养深度融入

本书以党的二十大精神为指引，坚持立德树人的正确导向，从职业道德、团队合作、勇于创新、敢于实践、积极进取等方面强调职业素养的深度培育，弘扬劳动精神、奋斗精神、奉献精神，将学生的价值观培养和客户服务知识、技能学习紧密结合，培养学生的家国情怀与爱国精神，让学生深刻领悟个人、企业与国家发展的紧密联系。

本书由江苏联合职业技术学院徐州财经分院权青、刘珍玉担任主编，南京莫愁中专万小慧担任副主编，钱锦、宗慧、刘曼、刘玉洁参与编写。本书在编写过程中，参阅了一些同行的著作，在此一并表示衷心的感谢。

由于编者水平有限，书中难免有不足之处，恳请各位专家、广大读者批评指正并提出宝贵意见，以使本书得以不断完善。

编　者

目　录

Contents

项目一

客户服务认知

项目简介

本项目主要介绍客户及客户服务的概念、网络客服工作流程、客户服务人员的职业发展、客户服务行业面临的挑战与发展趋势等内容。

学习目标

知识目标：

○ 了解客户的概念和特点，了解客户服务行业面临的挑战与发展趋势。

○ 理解客户服务的特征、主要类型和客户服务体系。

○ 理解客户服务人员的职业发展路径。

○ 掌握客户服务概念、网络客服工作流程、客户服务人员的职业要求。

能力目标：

○ 能正确识别客户，能解释客户服务的内涵特点和客户服务体系。

○ 能正确认识客户服务行业面临的挑战和发展趋势。

○ 能运用恰当的语言艺术开展网络客户服务工作；能站在客户角度，运用扎实的专业知识和职业技能处理客户的实际问题。

○ 具有运用所学知识为客户提供优质服务的能力。

素质目标：

○ 培养学生强烈的社会责任感、良好的职业道德，具有稳定的心理素质和良好的团队合作意识。

○ 弘扬劳动精神、奋斗精神、奉献精神，培养学生形成踏实刻苦、周密细致、甘于奉献的作风。

○ 引导学生敢于创新、勇于实践，营造人人皆可成才、人人尽展其才的良好环境。

○ 培养学生敢于担当、积极进取的工作态度，使学生建立正确的从业心态，保持对客户服务工作的热爱。

任务一　认知客户及客户服务

◎ 任务情境

王一迪是江苏联合职业技术学院电子商务专业的应届毕业生，她一毕业就进入了当地一家电商企业，从事客户服务工作。在入职培训时，人力资源经理提到，企业为员工提供多种职业发展路径，建立了明确的员工职业发展通道，例如管理岗位的发展路径为：电商客服专员—客服组长—客服主管—客服经理；运营岗位发展路径为：电商客服专员—运营助理—运营／策划专员—运营／策划主管—市场经理；培训岗位的发展路径为：电商客服专员—客服培训专员—客服培训主管—客服培训经理。王一迪听后满怀斗志，投入到紧张忙碌的工作中。她发现工作中需要掌握大量的产品信息、了解产品收发流程、掌握与客户沟通的技巧……看似简单的客服工作，需要学习的知识太多了。到底哪些人是企业真正的客户？如何更好地开展客户服务工作？如何提升客户服务成效？她陷入了沉思中。

❓ 思考

所有的消费者都是企业的客户吗？我们所谓的顾客就是客户吗？我们需要怎样做才能成长为优秀的客户服务人员，获得职业晋升和发展呢？

📊 知识储备

一、认知客户

服务的价值往往不取决于服务本身，而取决于客户的需要。客户是企业的利润之源、是企业的发展动力。为了弄清楚客户的需要，必须先了解客户、认识客户。

客户的概念是在商品交换中产生的，它是承接价值的主体，其承接价值是因为要获得商品的使用价值，即要满足相应的需求。

现代客户管理中的客户，是指任何接受服务或可能接受服务的人或组织。只要发生服务就存在着客户关系，并构成了组织中特定的客户群体，包括所有者、股东、员工、顾客、合作者、社区居民、政府官员和供应商等。为了确切地理解客户的内涵，请注意以下几点。

💡 想一想

很多企业在宣传客户对企业的主要作用时，会说"客户就是上帝"，你认为这样的说法合理吗？

1. 客户不能等同于顾客

顾客是由买卖关系决定的，可以由任何人或机构来提供产品和服务，可以说是没有名字的；而客户是由服务关系决定的，以个体为基础的客户资料详尽地存储于数据库中，并由专门的人员来提供服务。

2. 客户不一定是产品或服务的最终接受者

对处于供应链下游的企业来说，它们是上游企业的客户，它们可能是一级批发商、二级批发商、零售商，而产品或服务的最终接受者是消费产品或服务的个人或机构，直接消费或使用这些产品或服务的是用户。用户和客户的区别在于：客户是指购买了产品或服务的个人和机构，还包括那些尚未购买、但有可能购买的个人和机构。

3. 客户不一定在组织之外

客户既包括购买企业产品或服务的顾客，也包括企业的内部员工、合作伙伴、供应链上下游的伙伴，甚至包括本企业的竞争对手。因此，从客户关系管理的角度来看，客户不仅仅是指顾客，而是在一切与企业经营有关的环节中与企业有互动行为的单位或个人都是该企业的客户。

企业案例

员工是企业的"内部客户"

2022 年 4 月，北京金融资产交易所官网披露的《华为投资控股有限公司分配股利公告》显示，经公司内部有权机构决议，拟向股东分配股利约 719.55 亿元。据悉，华为员工薪酬主要包括工资、奖金和股票分红，股票分红是华为员工收入的重要组成部分。

华为以员工为本，实行了独特的员工持股制度，让员工分享公司的成长和利润；注重员工的成长和发展，提供了丰富的学习和培训机会，激发了员工的创造力和潜能；倡导奋斗的企业文化，鼓励员工不断追求卓越、克服困难、实现自我价值。华为以员工为本、以一线为本，提高直接面向市场和客户的一线员工的满意度与工作效率，在最接近市场和客户的层面释放活力与创造力。

二、认知客户服务

任何一个行业都离不开服务。服务是指以非实物形式为他人做事，并使他人从中受益或得到某种满足的活动。企业必须重视客户服务，全心全意地为客户提供优质的、差别化的客户服务，这样才能获得客户的认可。

（一）客户服务的概念

客户服务起源于交易过程中企业与客户双方信息交流与情感沟通的需要，可谓是交易中最具人性化的内容。良好的客户服务可以实现客户满意，培养客户忠诚，帮助企业维持长期良好的客户关系。

客户服务是指企业以客户为对象、以客户为导向，为客户提供具有较高满意度的附加价值的活动。广义上，任何能够提高客户满意度的内容都属于客户服务，包括但不限于产品或服务的介绍与咨询、提供技术支持与使用指导、运输产品等。本质上，客户服务是一种"企业—客户"的价值转让，也可以将其视作企业付出商业情感的一种投资行为，让客户对企业的产品、服务或品牌形象留下美好印象，进而维护与客户之间的良好商业关系，这是企业提供客户服务的基本出发点。

> **行业动态** 智能数字人"入职"京东客服
>
> 经过多年的技术积累，虚拟"数字人"技术趋于成熟，被广泛应用于在线教育、娱乐、传媒、金融、文旅、汽车等领域。京东将领先的虚拟数字人技术率先应用于场景丰富的客户服务行业，带来更高效、更智能、更人性化的服务体验。目前，数字人客服已覆盖商品咨询、价保、催单、取消订单、活动、资产、售后政策、金融八大场景，提供操作类、应对类、闲谈类客户服务。

（二）客户服务的特征

客户服务与实体产品有明显的区别，它具有以下基本特征。

1. 无形性

无形性是服务最基本的特征。服务是由一系列活动组成的，人们无法像感知有形物品那样看到或者触摸到服务。但在商业实践中，很少有完全无形或完全有形的产品，如运输服务需要交通工具、调试服务需要材料与工具、咨询服务需要媒介等。

2. 异质性

服务是由服务人员表现出来的一系列行动组成的。这一系列行动会因为时间、地点、服务人员条件的不同而呈现不一致性，因此没有两种完全相同的服务，难以用统一的质量标准来衡量。

3. 不可分离性

大多数有形产品都是先生产、再存储，然后销售和被使用的，而服务产品的生产、销售和被使用是在同一时间进行的。由于客户与服务人员在服务过程中会不可避免地产生接触，因此服务的生产过程与消费过程是统一的。

4. 易逝性

服务无法被存储、转售或者退回，例如客车公司为客户提供送达服

做一做

要把客户服务工作做好，从业人员需要具备哪些素质和品质呢？请把你想到的写在下面的横线上。
_____
_____
_____
_____
_____

务，每一个座位代表一人次服务。如果客车未满员，那么空位所代表的服务也无法存储。

知识拓展 对客户服务常见的误解

（1）花大价钱就能够搞好客户服务。客户服务是一种文化，不是促销活动，它需要一个长期的积累过程。

（2）客户服务就是售后的事。客户服务贯穿于满足客户需求的全过程。

（3）客户服务只是一线人员的事。企业内部各职能部门的所有工作人员都应把客户服务作为工作任务之一。

（三）客户服务的类型

根据服务者、服务所处流程、服务性质、服务地点的差异，客户服务可分为不同的类型。

1. 按服务者划分

按实际提供服务的服务者不同，客户服务可分为人工服务和电子服务两类。

（1）人工服务。人工服务通常是指企业员工为客户提供的服务。人工服务具有灵活性、主观能动性，能很好地满足客户需求。

（2）电子服务。电子服务是指企业使用预设的特定程序，对客户的要求做出反应，以达到服务的目的，如使用智能语音客服等，便于同时服务多个客户。

2. 按服务所处流程划分

客户服务贯穿于整个业务流程，因此客户服务按所处流程的不同，可以划分为售前服务、售中服务和售后服务三类。

（1）售前服务。售前服务是指在产品销售前的阶段，即产品相关信息获取、产品选择和产品试用等过程中企业为客户提供的服务，包括咨询介绍、配套销售、缺货代购、试用演示等服务。

（2）售中服务。售中服务是指企业向进入销售现场或已经进入选购过程的客户提供的服务，主要由企业的销售人员提供，包括现场导购、现场演示、技术指导、现场包装、送货与安装等服务。

（3）售后服务。售后服务是指企业向已购买产品的客户提供的服务，是产品质量的延伸，能增加产品的附加价值，解决客户由于使用产品而面临的问题，包括建立客户档案、及时回访、检测与维修、产品升级等服务。

3. 按服务性质划分

按服务性质划分，客户服务既有技术性服务，又有非技术性服务。

（1）技术性服务。技术性服务是指企业提供的，与产品技术或效用相关的服务内容，包括产品安装、调适、维修、技术咨询、培训与指导等。技术性服务通常只能由专业的技术人员来完成。

（2）非技术性服务。非技术性服务是指与产品技术或效用无直接关系的服务内容，如产品介绍、发送活动信息、送货上门、常规咨询等。对于非技术性服务，企业需要着重于服务的时效性、经济性，注意加强与客户的情感联系。

4. 按服务地点划分

按服务地点划分，客户服务可分为定点服务、流动服务和上门服务。

（1）定点服务。定点服务是指企业通过在固定地点设立服务点进行的客户服务。很多企业重视对服务点的建设，如银行在各地设置支行、通信公司有众多营业厅等。企业也可以委托其他企业设立服务点。

（2）流动服务。流动服务是指企业定期或不定期，以规律或不规律的路径为沿途客户提供服务的形式，包括流动维修点、巡回宣传等。采用流动服务的方式，企业能更广泛地为客户提供服务。

（3）上门服务。上门服务是指企业员工主动到客户或产品所在场所进行客户服务，包括上门维修、送货上门、上门回访等。

知识拓展 **不同人眼中的客户服务**

任正非："以客户为中心，以奋斗者为本"的文化是华为一切工作的魂、是工作的纲、是战略调整的方向。这个文化是华为人在长期艰难曲折的奋斗历程中悟出来的，所有的华为人都要深刻地认识它、理解它。

比尔盖茨：你最不满意的客户是你最大的学习来源。

唐纳德·波特：客户并不期望你是完美的。他们确实希望在出现问题时你能够帮助解决问题。

乔·吉拉德：不得罪一个顾客；建立顾客档案，更多地了解顾客。

特德·莱维特：没有商品这样的东西。顾客真正购买的不是商品，而是解决问题的办法。

（四）客户服务体系

客户服务体系是由人员、服务、流程等因素共同构成的整个客户服务运营系统，包括所有企业围绕客户服务需求建立的组织、制度等整体服务运作机制，如服务理念、服务渠道管理、服务流程设计、服务人员管理及支持部门协作机制等。

1. 服务理念

服务理念反映了人们对服务活动的理性认知，是企业客户服务的总纲领与核心要义。服务理念需要符合企业品牌形象与客户需求，例如"为客户提供安全、可信、守时、高品质及具技术竞争力和灵活创新的服务"。

2. 服务渠道管理

和有形产品一样，服务也需要借助一定的渠道来触及客户。因此，企业需要对服务渠道进行管理。企业可以选择直接提供、代理、外包、外部合作等各种服务渠道。

3. 服务流程设计

服务流程是指单次客户服务的完整流程设计，包括从服务请求发起到服务完成或问题解决的所有环节。每项客户服务都有不同的服务流程，图 1-1 所示为某企业的售后服务流程。

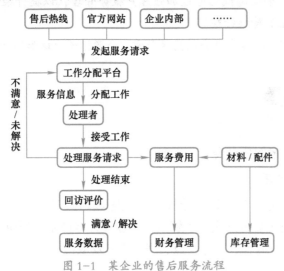

图 1-1 某企业的售后服务流程

4. 服务人员管理

服务人员是客户服务的直接提供者，对客户服务质量的影响极大。企业应该设置合理的客户服务岗位，如客户服务人员、客户经理等。同时，企业需要对服务人员进行必要的培训与考核，以保证服务质量。

5. 支持部门协作机制

客户服务不仅是销售部门和售后部门的事情，在某些情况下还需要其他部门提供生产、研发、物流等方面的支持与协助。因此，企业还需要设计快捷的支持部门协作机制，以便及时、圆满地完成客户服务工作。

练一练

全聚德的客户服务管理

2023年4月10日，中国全聚德（集团）股份有限公司（简称全聚德）披露2022年年报。年报显示：2022年全聚德的营收约为7.19亿元，同比下滑24.16%。全聚德管理层不是没意识到问题，从2020年开始全聚德就进行了三大调整：门店菜品菜价整体下调10%～15%，全面统一烤鸭价格和制作工艺，取消所有门店服务费。在此之后，全聚德也曾试着去抓住很多风口，如直播带货、预制菜、新国潮，以及进行跨界融合、结合非遗打造联名IP、推动门店场景化等，但依然收效不佳。

此后，全聚德又致力于提供高质量的服务，为顾客提供愉悦的用餐体验：演示烤鸭制作过程，提供点餐服务、外卖和配送服务，开展定制服务。全聚德试图通过加强客户服务管理，以提升经营业绩。结果如何，还有待继续观察。

想一想，从客户服务的角度来看，全聚德还应该如何加强管理呢？

⊙ 任务实施

1. 实施内容

优质服务案例分享会。

2. 实施要求

根据本任务所学知识，选择国内或区域内知名企业开展调研，以实地走访或互联网调研方式，了解该企业在提升客户服务质量方面采取的措施，分析其服务内容、服务特点、服务优势及取得的效果。

3. 实施步骤

（1）全班同学自由分组，每组3～5人；小组选择一个企业或一个品牌，通过实地走访或互联网搜集资料。

（2）分析该企业在提升客户服务质量方面采取的措施，对其产生的效果进行评价。

（3）以小组为单位制作PPT并进行汇报，小组互评，教师点评；全班同学进行交流分享。

任务评价

任务评价表

学习目标	评价项目	自我评价（30%）	组间评价（30%）	教师评价（40%）
专业知识 （30分）	了解客户的概念、特点			
	掌握客户服务的概念、特征和主要类型			
	理解客户服务体系			
专业能力 （45分）	能够正确识别客户			
	正确认识企业和客户之间的关系			
	具有为客户提供优质服务的能力			
职业意识 （25分）	责任意识			
	团队合作意识			
	服务意识			
	实践创新意识			
教师建议： 个人努力方向：		评价标准： A. 优秀（≥80分）　　B. 良好（70～80分） C. 基本掌握（60～70分）　D. 没有掌握（<60分）		

任务小结

　　服务的价值往往不取决于服务本身，而取决于客户的需要。为了弄清楚客户的需要，必须先了解客户、认识客户、识别客户，开展好客户服务工作。让客户对企业的产品、服务或品牌形象产生认同，进而维护与客户之间的良好商业关系，这是企业提供客户服务的基本出发点。客户服务工作不是简单的一句口号、一个理念，而是由人员、服务、流程等共同构成的客户服务运营系统，包含服务理念、服务渠道管理、服务流程设计、服务人员管理及支持部门协作机制等要素。

任务二　认知网络客服工作流程

任务情境

　　通过入职培训，王一迪了解了员工职业发展通道，她打算扎扎实实地从基层做起，努力按照电商客服专员—客服组长—客服主管—客服经理的发展路径提升个人价值、寻求职业发展。近期公司为"双11""双12"和元旦

思考

网络客服工作的流程有哪些？在不同环节应注意哪些问题？

等节日预热，开展了自动上新、自动预上新、商品清单、大促清单等各类活动，王一迪每天工作非常忙碌：查看留言、检查出售中的商品是否在正常上架中、开展导购服务、关注拍下订单但未付款的客户、开展售后服务、退换货处理、查看店铺的各类数据……她想简单地梳理自己的工作流程，以便更好地开展网络客服工作。

知识储备

网络客服工作流程是指客服人员在平台上为消费者提供售前、售中、售后服务的一系列流程，这个流程包括了客户咨询、客户接待、订单处理、售后服务等环节。

一、售前客服工作

作为网络客服人员，要把客户需求放在第一位，面对问题很多的客户要有足够的耐心，通过专业知识一一打消客户的疑虑。

客户可能随机问很多问题，并且询问得很细致，所以更需要客服人员了解产品和服务基本知识，对产品实物有深度了解，熟知产品适合的人群、具体功效是什么，能描述出买家用这个产品的场景。客服人员不能在客户询问时一知半解、支支吾吾地答不上来，否则客户心中的店铺和商品形象会大打折扣。作为一名优秀的网络客服人员的前提，首先是足够了解自己的产品，其次才是服务。

（一）熟悉商品交易流程

网络客服工作的主要目的有三点：一是转化率，让来的人尽量都买；二是客单价，让买的人买得更多；三是回头率，让买过的人再来买，并做好售后服务。

（二）熟悉产品相关知识

如产品的基本信息、功能、特点、相对其他店铺产品的优势等。此外还要了解产品卖点、属性、功能、保修、安装方式等，以及是否有产品活动优惠券、怎么使用，以展现客服人员的专业能力，提高客户信任度，提升店铺转化率。

知识拓展 提炼产品卖点的8个角度

角度一：价格。某二手车平台宣传的卖点是"没有中间商赚差价"，这就意味着顾客可以花更低的价格买到相同质量的车；沃尔玛的卖点是"天天低价"，以此吸引顾客每天光顾。

角度二：服务。海底捞凭借不可撼动的服务质量让客户折服；某水果店的卖点是"购满20元，2公里内加1元可提供定时送货上门服务"。

角度三：效率。快餐店主打"半小时送到，否则半价"；建站网络培训课程主打"零基础1小时学会建站，否则退款"；快递公司主打"隔日送达"。

角度四：质量。某羊毛衫的卖点是"水洗不变形，1年变形免费换"；某牛仔裤的卖点是"高弹力牛仔裤，一条可以穿着健身的牛仔裤"。

角度五：稀缺。某桃花酒的卖点是"采取祖传工艺酿制，每年限供2000坛"；某土鸡餐饮店的卖点是"因为土鸡数量有限，每天仅为50名客人提供土鸡宴，需提前3天预定"。

角度六：方便。某酒楼的卖点是"内设停车场，提供特惠洗车服务"；某桶装水经销点的卖点是"送货上门，让您足不出户饮用安全水"。

角度七：附加值。某早餐店的卖点是"买任意一款点心，即可免费获得一杯价值5元的豆浆"；某面馆的卖点是"消费任意一款面食，均可获得一碗美味浓骨汤"。

角度八：选择。某餐饮店的卖点是"只需要50元，108种菜式任你随便吃"。

二、售中客服工作

客服人员进行接待服务时应就客户关心的问题和疑问进行细致、耐心地解答，打消客户疑虑，对待客户热情，以促成订单。

（一）接待原则

1. 使用尊称

少用"你"字，多使用"您"字，或是称呼对方为先生、女士等，尽量使用尊称，表示对客户的重视，让客户感觉到客服人员在全心全意地为他（她）考虑问题。

2. 使用规范用语

"请"是一个非常重要的礼貌用语，多使用"您好""请问""麻烦""请稍等""不好意思""非常抱歉""多谢支持""欢迎光临""认识您很高兴""希望在这里能找到您满意的商品"等用语，体现客服人员的专业性和较高的职业素养。

3. 使用欢迎（招呼）用语

初次与客户接触时应使用欢迎用语，如"亲！请问有什么我可以为您服务的？""您好，很高兴为您服务，有什么可以为您效劳？"

4. 认同式接待

不要直接否定客户的观点。比如，在售中遇到一些客户反映"你们商品质量不太行"，我们不能简单回答"不存在这个问题，我们的商品是可以的"，否则买家会立即放弃购买并给出差评。当遇到此类情况时，客服人员首先要给予客户一定的认同，比如"嗯嗯，亲，感谢您的建议，但是我们的产品经过××加工工艺，在品质上绝对是有保证的，您可以放心购买使用……"，接下来再根据客户反馈和产品信息，进一步做出答复。

5. 保持耐心

客服人员语言中绝对不能带有任何负面情绪，更不能直接和客户发生冲突；要先站在客户角度考虑问题。比如客户抱怨未按时发货，客服人员可以说："嗯嗯，亲，理解您的心情，您的问题我马上去核实一下，一定给您完美解决。"总之遇到此类问题，客服人员要先保持心平气和，认同并理解客户的心情，安抚好他们的情绪，然后有针对性地解决问题。

6. 履行承诺

客服人员给客户的承诺，诸如快递要求、随机赠品、发货时间等，一定要说到做到。

7. 态度热情

建议以最快的速度回复客户，给客户带来良好的购物体验。如果客服人员的回复速度过慢，客户可能就会选择有相同商品的另一家店铺。所以要做到第一时间回复客户的问题，特殊情况下也可以设置自动回复，即针对客户常问的问题以合理的话术自动回复。

💡 想一想

你觉得在客服售中工作中会面临哪些问题？该如何解决？

（二）沟通流程

售中客服要做的主要工作是了解客户、解决问题、产品介绍推荐、促成订单。

在打开对话框时可以看到右侧买家的一些备注信息，结合这些信息，客服人员应详尽介绍店铺最新的优惠政策和套餐。

客服人员在服务中，要说明该产品的独有卖点，围绕产品本身与客户进行交流。作为一名合格的客服人员，首先要对自己的产品有所了解，掌握产品本身的卖点，才能更好地给客户推介同类的其他产品以及优惠信息。

客服结束语及订单的跟踪。要给客户说明收藏、评价的好处并做好客户的售后准备工作（产品售出后并不代表服务的结束，还要做好后续的服务准备）。

对拍下而未付款的客户进行催付。客服人员需每天对前一天的未付款订单进行统计，尽量给客户营造商品很抢手、很超值的概念，促使订单成功。催付能提高店铺的销售额，降低推广成本，提升成交量。

三、售后客服工作

网络售后服务是指买家购买的商品发货以后，所进行的一系列销售服务，包括物流跟踪、产品答疑、纠纷解决等。售后服务工作是一次交易的重要过程，也是再销售的开始。

（一）售后客服工作要求

在交易过程中很容易产生问题，比如物流、产品以及很多不确定因素造成的问题，在面对这些时要秉承客户至上的理念，把客户放在第一位，积极处理问题，不拖沓、不埋怨。了解客户想要解决的问题，并且快速有效地处理。客服人员在售后会遇到较多释放不满情绪的买家，在面对问题时要保持良好的心态，不能带有抵触情绪，要耐心地帮助客户解决问题。

（二）售后客服工作内容

售后客服人员主要负责联系买家、核实情况、安抚致歉、协调方案、跟进处理、备案登记等工作。

（三）售后客服面临的问题及解决方法

1. 少货

（1）和买家说明，如果丢失、被偷、少发，一定会补发，不要担心。

（2）请买家把收到的发货单拍下图片发过来。

（3）如果发货单上确实没有该产品或数量不对，当天可以补发给买家。

（4）以上问题如果在线上沟通不能解决，可以打电话给买家，在电话里解释。

2. 商品收到后有问题

（1）对于您收到 ×× 商品出现了问题，我们表示非常抱歉，请先别急，我们一定会为您及时处理的。请问是哪里出了问题呢？

（2）我们已经了解到了问题，非常抱歉。现在，我们征求您的意见。

（3）您认为瑕疵不可以接受，我们会重新发货。我会发给您退换货的地址和注意事项。

（4）如果您认为瑕疵不可以接受，需要我们退款，我会发给您退货的地址和注意事项。货到了以后，我们会将全款退回给您。这个事情给您添麻烦了，请接纳我们的歉意。

3. 客户要求退/换货

（1）您好，请问商品是否有质量问题？如果是质量问题或发错货、漏发货所造成的退换货，本店会承担邮费。如果因个人的不喜欢、不适合、买错了等可享受"7天无理由退换货"，运费由买家承担。

（2）以下情况的商品不提供退换货服务：已穿过、洗涤过、吊牌不完整、有污点、损坏、修改、加工过的商品；特价商品、赠品非产品自身质量问题的，不予退换货；收到货物超过7天的商品。

4. 投诉

总体来说，处理投诉需要客服人员用心聆听、表达歉意、仔细询问、记录问题、解决问题和礼貌结束。

（1）因商品质量投诉。因这种原因投诉的客户占大多数。尽管客户能够理解商品不可能完美无缺，或者满足每一个人的需求，但是他们还是会由于这个原因表示不满。因质量问题给客户造成影响的，客服人员应该真诚地向客户道歉，更换新商品，或者再给予一定的经济补偿。

（2）因介绍不清导致的投诉。客户买了并不是自己想要的商品或者买的商品不清楚怎么使用时也会投诉。这就要求客服人员在向客户介绍时，一定要清楚客户的真正需求，同时确认客户已经理解商品的使用方法。现在市场上的商品种类越来越多，这就要求客服人员在为客户提供服务时，要注意积累这方面的知识，做到有备而"战"。

（3）因客户原因产生的投诉。客户对商品不理解和理解错误，可能产生抱怨。这时，服务人员要委婉地告诉客户，让客户知道事情的来龙去脉。但是要注意不要太直接，注意方式方法。

✎ 做一做

遇到下面的问题，客服人员该如何回应？

客户：你们的产品价格太贵了！

客服人员：_____

_____

客户：买一件，不打折，那我买4件您怎么也不打折呢？要不打折我就买一件算了。

客服人员：_____

_____

客户：老客户都没有优惠吗？

客服人员：_____

_____

⊘ 任务实施

1. 实施内容

客服人员角色扮演。

2. 实施要求

小张从网上订购了一台计算机，使用多天后键盘出现了故障，于是线上联系商家，要求退货或者返厂免费修理。商家认为该故障大概率是由于小张使用不当而造成的"非正常因素损坏"，希望通过客服人员与小张的沟通，让其同意收费维修或购买新配件，不能满足其提出的"退货"和"免费维修"的要求。请你根据以下处理步骤提出具体的处理方案。

（1）询问用户购买时机器的情况（确认购机时机器是完好的）。

（2）询问故障发生时间（确认是用户在使用过程中出的问题）。

（3）结合前面询问的情况，与小张一同分析，使其认可故障是因其使用不当造成的。

（4）向用户提出建议。

3. 实施步骤

（1）全班同学自由分组，每组 3～5 人；小组成员根据上述处理步骤，列出关键话术和具体的处理方案，之后制作 PPT 并进行 PPT 汇报。

可能出现的情况	关 键 话 术	处 理 方 案
用户希望将损坏的键盘进行免费维修		
用户提出有可能是购买前键盘就进水的疑问		
经解释后，用户不知所措		
用户希望将损坏的键盘进行收费维修		

（2）进行情景剧表演，小组成员分别扮演小张、客服人员的角色，展示问题解决的全过程。

（3）开展评价活动，小组互评，教师点评，班级同学开展深入交流与分享。

任务评价

任务评价表

学习目标	评价项目	自我评价（30%）	组间评价（30%）	教师评价（40%）
专业知识（30分）	掌握网络客户服务流程			
	理解客户接待的原则			
	掌握客户接待沟通主要流程			
	掌握售后客服面临的问题及解决方法			
专业能力（45分）	能运用恰当的语言艺术开展网络客户接待工作			
	站在客户角度，运用扎实的专业知识处理客户的实际问题			
职业意识（25分）	责任意识			
	团队合作意识			
	服务意识			
	实践创新意识			
教师建议： 个人努力方向：	评价标准： A. 优秀（≥80分）　　B. 良好（70～80分） C. 基本掌握（60～70分）D. 没有掌握（<60分）			

任务小结

网络客服工作流程是客服人员在平台上为消费者提供售前、售中、售后服务的一系列流程，主要包括客户咨询、客户接待、订单处理、售后服务等环节。作为网络客服人员，要把客户放在第一位，面对问题很多的客户要有足够的耐心，通过专业知识一一打消客户的疑虑。

任务三　认知客户服务人员的职业发展

任务情境

王一迪下班后到海底捞就餐，被海底捞的服务深深震撼了。海底捞的特色服务贯穿于王一迪进店到离店的整个过程中：她在等候过程中享受了海底捞擦鞋、美甲等服务，还可以享用免费饮料、水果、爆米花；在就餐过程中，服务员帮她下菜与捞菜、擦拭油滴、擦眼镜、提供热毛巾、续饮料，现场还有川剧变脸、拉面表演；王一迪去洗手间惊讶地发现洗手间放置了美发、护肤等用品，还有免费的牙膏、牙刷。就餐后，她就自己的工作，陷入了沉思中。

思考

如何才能提高客户服务的专业性？

知识储备

一、客户服务人员的职业要求

企业要想提高服务质量、提供优质服务，客服人员的素质是关键。客服人员应具备的基本素质主要包括扎实的专业知识、突出的职业技能、良好的品格修养。

（一）扎实的专业知识

客服人员对企业的产品和服务项目要有深入的了解和认识。

1. 产品知识

产品知识包括硬件部分、软件部分、使用知识、交易条件、服务条款等。客服人员要对产品和服务有深入的了解，并知道产品和服务能为客户带来的好处。

2. 服务项目

客服人员要熟知企业能够提供的售前、售中、售后服务项目，并能很好地提供服务。

3. 业务规则

客服人员关于行业和业务上的问题及其解决方案有深入的了解，并了解各类业务特点，会使用专业的术语。

（二）突出的职业技能

客户服务是以无形的方式与客户直接发生联系，因此客户服务人员提供服务质量的高低成为企业经营成败的关键因素。与其他职业相比，客户服务人员的服务技能对服务质量的稳定和提高具有决定性意义。

1. 良好的语言表达能力

服务语言是企业与客户之间联系的纽带，是沟通的工具。良好的语言表达能力要求客户服务人员在简单的表达中显示出自己的涵养，不但能满足客户提出的需求，还能挖掘客户未想到但可能存在的需求，从服务的深度和广度上给客户带来愉悦。

客户服务人员语言能力的运用主要体现在以下几个方面：

（1）语气。语气、语调有很强的感染力。客户服务人员在与客户进行沟通时，说话的语气很关键。要注意说话的语气、拿捏好分寸，成为一个会说话的人。

客户服务人员说话的语气要做到不卑不亢，唯唯诺诺的语气只会传达一种消极的信息给客户，同时也不利于建立自身的专业形象；同时，也不要让客户感觉到有种盛气凌人的架势，这样容易给客户留下极为不好的印象，让客户感到反感。

不同的措辞会给人不同的感受，即使我们想表达同一种意思，积极的言辞与消极的言辞所传递的效果也是不同的。

总之，在与客户沟通的过程中，客户服务人员要时刻注意自己的语气，最好以一种朋友的语气和态度去与客户进行沟通。

练一练

直　接　说　法	委　婉　说　法
您的名字叫什么？	
您必须……	
注意，您必须今天做完！	
如果您需要我的帮助，您必须……	
听着，系统没有问题，都是那样工作的。	
您没有弄明白，这次听好了……	

议一议

针对你所学的专业，和同学们聊聊你掌握了哪些客服专业知识？

做一做

请尝试将右边较为直接的说法换成较为委婉的方式表达出来。

在一家红茶店里，一位顾客来喝茶时把柠檬和牛奶一股脑儿地加进红茶里，结果牛奶结块。顾客满脸怒气地对服务员说："看看！你们给顾客喝劣质的牛奶。"这时经理走过来缓和地对顾客说："真对不起，我立刻给您换一杯。"一杯新的红茶端来了，茶杯跟前仍放着新鲜的牛奶和柠檬。经理把红茶轻轻地放在那位顾客面前，又轻声说："我能不能向您建议，如果在茶里放柠檬，就不要加牛奶，因为有时候柠檬会造成牛奶结块。"顾客的脸一下子红了，喝完红茶匆匆走了。

后来那位顾客成了茶店的常客，隔三岔五地来喝茶，还不断介绍朋友、同事来。一传十，十传百，这家茶店的生意越做越好。

面对质疑，换一种委婉的方式对待，既给对方留住面子，也为自己赢来商机。

（2）语速与节奏。语速快慢的不同会在客户的大脑中形成对客户服务人员的不同印象。语速过快客户会觉得客户服务人员不耐烦、不在意；语速过慢，客户则会觉得客户服务人员漫不经心。针对不同客户调整语速，并尽量与客户保持一致，让每一个客户都感觉到和你打交道很舒服。有时在特殊情况下，客户服务人员应当使用比客户慢一点儿的语速。例如，由于客户利益受损害进行投诉，情绪比较激动，说话的速度很快，而此时客户服务人员应注意放慢速度，而不要使用同客户一样的语速，以稳定客户的情绪。有时候客户很着急，让客户服务人员帮忙做一件事情，这时候较快的语速会让客户感到你是真正站在他的立场上思考问题。

（3）专业。作为一名客户服务人员，产品、行业、竞争对手等方面的专业知识无疑是很重要的，这种专业性可以通过声音来传递。如果客户服务人员在客户面前丧失了专业性，客户显然就会失去对你的信任。

（4）自信。为了保持自信，客户服务人员在语气上、措辞上应该是肯定的，而不应该是否定或是模糊的。例如，当客户问计算机公司的销售人员："你们的刻录机是几倍速的？"销售人员说："我们的刻录机可能是4倍速吧。"换成你是客户，你有何感想？"可能是""应该是""也许吧"等，这些都是不确定的措辞，这表明你缺乏信心，也会影响你的专业水平。客户服务人员要避免使用这类措辞，而应换成更积极的措辞、更肯定的语气。有些时候，要态度坚决地表示肯定，而不能有丝毫犹豫，你的犹豫可能会让客户对你失去信心。例如，当客户说："你们能不能让我在星期四收到货？"如果可以，你应明确地说："可以，没问题。"这样才可以进一步强化客户的信心。

● **教学案例**　用声音传递专业性

　　客户服务人员在言辞上要自信，用肯定的语气，多尝试一些具有积极作用的措辞。例如，"我非常欣赏您的观点""这归功于您的专业知识""多独特的建议啊！"。

　　逻辑性强的语句更易建立专业形象。例如，当客户问到一个专业上的问题时："你们网络系统的可管理性是指什么？"你回答："可管理性主要是指：第一……第二……第三……"当你进行有理有据、富有逻辑的回答时，你在客户心目中的专业能力和地位就会提升，信任也更容易建立起来。

思考交流
　　在与客户交谈过程中，你喜欢使用/容易出现哪些身体语言呢？哪些是合适的？哪些会让人感觉不适呢？

（5）肢体语言。肢体语言在表达中起着非常重要的作用，在人际交往中，肢体语言甚至在某种程度上超过了语言本身的重要性。客户服务人员在运用语言表达时，应当恰当地使用身体语言，共同构造出让客户感到易于接受和感到满意的表达氛围。

2．敏锐的观察能力

敏锐的观察能力的实质就在于善于想客户之所想，将自己置身于客户的处境中，在客户开口言明之前将服务及时、妥帖地送到。客户服务人员敏锐的观察能力主要体现在以下方面：

（1）善于观察客户的身份、外观。客户是千差万别的，不同年龄、不同性别、不同职业的客户对服务的需求也是不同的。客户在不同的场合、不同的状态下，需求也是不一样的。

（2）善于观察客户的语言，从中捕捉客户的服务需求。客户服务人员从与客户的谈话或客户之间的谈话、客户的自言自语中，往往可以辨别出客户的心理状态、喜好、兴趣及不满意的地方。

（3）善于观察客户的情绪。不适当的亦步亦趋，只会使客户感到心理上的压力。所以，既要使客户感到客户服务人员的服务无处不在，又要使客户感到轻松自如。这样会使客户既感到自由空间被尊重，又时时能体会到切实的服务。

（4）善于观察客户的心理状态。客户的心理非常微妙地体现在言行举止中，客户服务人员在观察那些有声的语言的同时，还要注意通过客户的行为、动作、仪态等无声的语言来揣度客户细微的心理。

3. 良好的人际关系沟通与协调能力

客户服务人员如果具备良好的人际关系沟通协调能力，与客户之间的交往就会变得更顺畅。优秀的客户服务人员不但要能做好客户服务工作，还要善于协调与客户、同事之间的关系，以达到提高工作效率的目的。人际关系的沟通协调能力是指客户服务人员在服务过程中，如何和客户、同事协调好关系。

4. 良好的倾听能力

善于倾听不是听而不闻，更不是冷眼旁观，而是身体语言、口头语言与客户说话内容的高度配合。也就是说，无论客户说的如何乏味，客户服务人员都要表现出积极的态度加入话题，用钦佩的表情、赞叹的语气、肯定的态度、到位的提问调动客户说话的积极性，从而达到与客户沟通的目的。只有深入交谈，才能了解客户的心理、爱好、消费习惯。只有与客户的感情发生共鸣，才能降低客户的不满，有的放矢地对不同类型的客户提供不同类型的服务。

5. 灵活机智的应变能力

灵活机智的应变能力对客户服务人员而言主要表现在对突发事件的处理上。遇到突发事件，客户服务人员应当做到：

（1）迅速了解矛盾产生的原因、客户的动机，并善意地加以疏导。

（2）用克制与礼貌的方式劝说客户心平气和地商量、解决问题。这样的态度常常是使客户的愤愤之情得以平息的"镇静剂"。

（3）尽快采取各种方法使矛盾迅速得到解决，使客户能得到较满意的答案，并尽量使事情的影响控制在最小范围，在其他客户面前树立公司坦诚、大度、友好的服务形象。

（三）良好的品格修养

1. 热情

良好服务的意愿和饱满的工作热情是做好服务工作的先决条件。客户通过所接触的具体人员来考察企业形象、员工素质、品牌层次等。一个人只有热爱职业、热爱岗位，才会全身心地融入工作，焕发出巨大的动力和热情，在平凡的岗位上做出不平凡的事业。

2. 真诚

用户至上铭于心，用心服务敏于行。要想赢得客户的认可，就必须专业、耐心、真诚地去服务。快速响应、随叫随到，做到急客户所需、解客

❓思考交流

在客户服务工作中什么样的表现才能体现出热情和真诚？

户所忧。客户服务人员是树立品牌良好形象的窗口，也是企业和客户的沟通桥梁与纽带。真诚的服务态度是优质服务的基础和关键，是客户服务人员必须要具备的品格修养。

3. 谦虚

拥有谦虚之心是人类的美德。如果客户服务人员不具备谦虚的美德，就容易在客户面前炫耀自己的专业知识，这是客户服务中很忌讳的一点。客户服务人员应具备较高的服务技巧和专业知识，但不能卖弄知识。

4. 耐心

面对客户的各种要求，耐心不仅对客户很重要，对服务效果也是至关重要的。所以，必须充分了解客户想要什么、需要哪些服务。面对客户的询问，要耐心解答；面对客户的抱怨和不满，要耐心劝解，及时提出解决方案，始终保持微笑服务。

练一练

不抱怨行动

不抱怨行动，也称紫手环行动，是美国著名心理学家威尔·鲍温发起的一项活动，邀请每位参加者戴上一个特制的紫手环，只要一察觉自己在抱怨，就将手环换到另一只手上以此类推，直到这个手环能持续戴在同一只手上21天为止。

紫手环的使用方法：

（1）开始将手环戴在一只手上。

（2）当你发现自己正在抱怨、讲闲话或批评时，就把手环移到另一只手上，重新开始。

（3）想想你为什么要抱怨。

（4）坚持下去。可能要花好几个月，你才能达到连续21天不换手、不抱怨的目标。平均的成功时间是4～8个月。

5. 诚信

优秀的客户服务人员是责任感极强、讲诚信的人。不要轻易地给客户以承诺，随便答应客户做什么，这样会给工作造成被动。但是客户服务人员必须履行自己的诺言，一旦答应客户，就要尽心尽力去做到。

6. 同理心

所谓同理心，是指站在当事人的位置和角度上，客观地理解当事人的内心感受及需要，并且把这种理解传达给当事人。简单来说，同理心就是将心比心，同样的时间、地点、事件，将当事人换成自己，也就是设身处地去感受、体谅他人。要特别注意的是：同理心的过程是"将你心换我心"，把自己当"当事人"，而不只是站在对方的角度看事情。

情境训练

小张是个很优秀的销售代表，在公司业绩领先，但他最近有点儿消沉。下班以后，在办公室，他找你聊天。

情境一：小张说："我用了整整一周的时间做这个客户的工作，但还是未能达成成交。"小张的意思是（　　　）。

A. 抱怨　　　　B. 无奈　　　　C. 表达建议

D. 征求建议　　E. 希望指导

情境二：小张说："嗨，我用了整整一周的时间做这个客户的工作，也不知道怎么搞的，还是未能达成成交。"小张的意思是（　　　）。

A. 抱怨　　　　B. 无奈　　　　C. 表达建议

D. 征求建议　　E. 希望指导

情境三：小张说："看来是麻烦了，我用了整整一周的时间做这个客户的工作，还是未能达成成交。"小张的意思是（　　　）。

A. 抱怨　　　　B. 无奈　　　　C. 表达建议

D. 征求建议　　E. 希望指导

情境四："说来也奇怪，我用了一周的时间做这个客户的工作，还是未能达成成交。"小张的意思是（　　　）。

A. 抱怨　　　　B. 无奈　　　　C. 表达建议

D. 征求建议　　E. 希望指导

二、客户服务人员职业发展

（一）客服专员

1. 客服专员岗位描述

客服专员通过提供产品和服务满足客户的需要，完成交易，并对交易现场客服活动的执行人员及相关事宜实施管理。

2. 客服专员的职业能力

在为客户服务的过程中，客服专员必须体现专业、敬业、尊重、包容、理解等方面的能力。这也是考量一线客户服务人员的一项重要指标。具体来讲，客服专员的任职要求包括：良好的服务态度与意识；专业的服务礼仪与职业形象；较强的语言表达、客户沟通、理解反应和临场应变能力和团队合作意识；良好的心理素质并能进行自我调适；把握客户心理并加以正向引导的能力；较强的办公软件操作能力。

（二）客服主管

1. 客服主管岗位描述

客服主管主要的工作就是根据公司的情况，做好客服工作的日常管理，带领客服专员开展优质服务，开展客服专员业务培训，指导他们解决实际困难和问题，对客服专员的业务水平进行月度、季度、年度考核。客服主管除了处理日常业务外，应把更多的时间和精力用于培训、指导下属，以提升管理效能。

2. 客服主管的职业能力

客服主管除了要具备客服专员的素质与能力外，还要具备以下能力：规划能力，能够根据市场变化，了解竞争对手，制订部门行动计划；组织、协调能力，进行组织分工，落实各项具体任务，统筹安排自己管辖范围内的人力、物力、财力，及时进行信息沟通，减少内耗；指挥、领导能力，培养下属的责任心和使命感，激发下属的最大潜能；评估与创新能力，对客服人员和服务系统进行定期评估，以采取改进措施，根据需求变化，时刻创新服务，提升服务竞争力。

（三）客服经理

1. 客服经理岗位描述

作为客户服务部门的负责人，根据公司的工作要求制订客户服务工作计划及各项内部管理制度，全面主持日常工作；组织部门员工建立并保持、提升公司服务形象、服务环境、服务质量及服务效率。

2. 客服经理的职业能力

客服经理要熟悉产品知识和行业知识，具有丰富的客服技巧和经验，熟悉客服工作运作流程，熟悉各种考核评判指标；良好的领导能力、指导能力及监督管理能力；突出的沟通协调能力、组织管理能力、团队协作能力及良好的心理承受能力；良好的商业意识和战略意识，数据分析能力强，有较强的语言表达能力及分析判断能力；有全局观念，善于做整体规划，有一定的预见性，能应对突发事件并及时提出有效方案，具有良好的问题解决能力。

⊘ 任务实施

1. 实施内容

我的职业生涯规划。

2. 实施要求

结合本任务所学知识，了解学校所在城市或周边区域关于客服从业人员的招聘信息，查看企业发布的相关信息和任职要求，合理规划个人的职业发展，为将来从事该行业奠定基础。

3. 实施步骤

（1）登录智联招聘、51job 等求职网站，查找学校所在城市或周边区域关于客服从业人员的招聘信息，查看企业发布的职位描述、工作内容、任职要求，根据个人职业发展意愿填写下列表格：

求职意向企业（可不限一个）	
具体职位	
任职要求	
个人情况	
具备的优势／努力方向	

（2）在此基础上撰写个人职业生涯规划报告，制作 PPT 并发布在学习平台上。

（3）开展评价活动，小组互评，教师点评，班级同学开展深入交流与分享。

任务评价

任务评价表

学习目标	评价项目	自我评价（30%）	组间评价（30%）	教师评价（40%）
专业知识（30分）	掌握客户服务人员的职业要求			
	了解客户服务人员的职业发展			
专业能力（45分）	站在客户的角度，运用扎实的专业知识处理客户的实际问题			
	能明晰个人职业生涯发展规划			
职业意识（25分）	责任意识			
	团队合作意识			
	服务意识			
	实践创新意识			
教师建议： 个人努力方向：	评价标准： A. 优秀（≥80分）　　B. 良好（70～80分） C. 基本掌握（60～70分）　D. 没有掌握（<60分）			

任务小结

企业要想提高服务质量、提供优质服务，客户服务人员的专业水平和职业素养是关键。客户服务人员要具有扎实的专业知识、突出的职业技能、良好的品格修养，才能做好客服工作，实现从客服专员、客服主管到客户经理的职业晋升，从而在职业道路上走得更远。

任务四 认知客户服务行业面临的挑战与发展趋势

任务情境

王一迪所在公司推出了极具"云"特色的客户服务模式——云客服。它聚集了社会上的客服从业人员或是对客服工作感兴趣的人员，使他们在家里或学校就能对客户提供远程服务，实现了 HO（Home Office，驻家办公）；并充分利用了他们的零散时间，不仅降低了人力成本，还提高了工作效率。在信息迅速变化的今天，产品经济时代正在向服务经济时代过渡，"以产品为导向"的思维逐步向"以客户为导向"的思维转变。在瞬息万变的"互联网＋"时代下，客户服务工作将会面临何种挑战？王一迪对此陷入了沉思中。

> **思考交流**
>
> 互联网＋时代对传统客户服务工作带来哪些冲击？客户服务行业的发展趋势如何？

知识储备

一、客户服务行业面临的挑战

（一）同行业竞争的加剧

客户服务工作所面临的一个巨大挑战是来自同行业的竞争。企业的产品性能优越、外观时尚、交付系统快速而便捷，并且不断地降低产品价格以期获得竞争优势、不断地做出延长产品保修期的承诺、不断加大市场的宣传力度、不断采取新的营销举措，但竞争对手同样也在不断改进自己的产品和服务，产品的同质化现象非常普遍，这就导致企业对客户服务工作的重视程度越来越高。

（二）客户期望值的提升

企业致力于提升服务质量和产品质量，但产品价格却随着行业竞争的加剧而不断下调。客户得到的越来越多，而满意度却没有相应地提高，企业受理的客户投诉在不断地增长，而客户的要求也变得越来越难以满足。为什么会出现这种情况呢？原因就在于客户对服务的期望值越来越高，同时自我保护意识也在加强。客户每天都被优质服务包围，有了享受优质服务的经历，对服务质量的要求也就越来越高。

（三）不合理的客户需求

什么是不合理的客户需求？对此，不同企业有着不同的认识，而且随着同行业竞争的加剧，很多以前被认为不合理的客户需求会逐渐转变为合理的需求，甚至最终变成一个行业的标准。

因此，企业在界定客户的需求是否合理时，参考的标准应该是行业标准，而不是企业标准。只有超出行业标准的需求，也就是竞争对手无法满足的需求，才能称之为不合理的客户需求。当然，如果企业不断满足客户超出行业标准的需求，就掌握了竞争的主动权，从而获得竞争优势。但当无法满足客户需求时，如何向客户做出合理的解释，并且能够让客户接受，是客户服务人员面临的一大挑战。

● **教学案例** 如何面对顾客的无理要求

由于顾客与客户服务人员的立场很难保证一致，顾客会提出一些比较"过分"的要求。针对这些"过分"的要求，客户服务人员究竟该如何应对，才不会将顾客推到竞争对手那里呢？

方法一：直接告知顾客自己的难处

当顾客提出不合理要求时，客户服务人员如果只是一味地迎合顾客，顾客可能会变本加厉，而自己的处境会非常被动，最终会因为谈不拢而丢掉订单。遇到这种情况，客户服务人员应该直接告知顾客自己的难处，如果满足了他的要求，公司将会如何处罚自己等，以获得顾客的理解。

方法二：扮演红黑脸

当与顾客谈判时，往往由两个人组合分别扮黑脸和红脸。扮演黑脸主要是为了公司利益着想，可以从中试探出顾客心里的底线；而扮演红脸则是为了稳住顾客。在这种软硬兼施之下，顾客可能会改变原来的想法，最终做出让步。

方法三：告诉顾客会有哪些利害关系

因为顾客提出的无理要求会引发一系列问题，所以要让顾客清楚地知道选择了某些条件就会损害他的某些方面的利益。

方法四：由于顾客情绪问题提出的不合理要求

有时顾客因为情绪问题提出一些不合理要求，此时顾客的心情不好，客户服务人员要先安抚顾客的情绪，等气氛缓和之后，再开展服务工作。

方法五：就算让步也要换取顾客对等的让步

有些顾客一直坚持他们的要求，这时客户服务人员一定不能跟顾客硬着来，而是要努力打破眼前的困局。例如，顾客要求让步，那客户服务人员也要跟顾客说清楚，如果自己做出一定程度的让步，顾客也需要让步，让顾客知道所有的让步都不易实现，而且自己还会承担风险。

（四）客户需求的波动

服务质量和服务数量是密切相关的。几乎所有行业都会有服务高峰期，当高峰期出现时，往往会出现排队等候、网络延迟、服务迟缓等情况，服务人员服务热情下降、体力透支、精神疲惫和服务失误的增加都会导致服务质量的下降。这种客户需求的波动是企业很难控制的。因此，如何在客户需求的高峰期提供令客户满意的服务，也是客户服务人员面临的挑战。

（五）服务技巧的不足

通常来说，服务人员的服务能力主要体现在迅速了解客户的需求、解决客户问题等方面。但有些客户服务人员只知道倾听客户的倾诉，缺乏提问的技巧；再加上有些客户对自己的问题和抱怨阐述不清，导致客户服务人员难以弄清楚客户的需求，更别说帮助客户解决问题了。

> **想一想**
>
> 你觉得目前客户服务工作面临的挑战还有哪些？

二、客户服务行业发展新趋势

（一）客户服务科技化

1. 智能客服技术

《2021 年中国智能客服市场报告》显示，2020 年我国智能客户服务行业市场规模为 30.1 亿元，预计 2025 年我国智能客户服务行业市场规模或将突破百亿元，达到 102.5 亿元。智能客服技术的应用将越来越广泛，包括智能机器人、语音识别和自然语言处理等技术，可以在不需要人工干预的情况下回答客户的问题和提供服务。这些技术可以大幅降低人工客服成本，提高客户服务效率和服务质量，更好地满足客户的需求。随着技术的进步和成本的降低，智能客服技术将会逐渐普及，成为客户服务的主流形式。

2. 个性化服务体验

随着 AI 对客户服务体验的影响持续加强，消费者将会发现自己能够与心仪的零售商和服务提供商进行更为个性化的全方位互动。因此，客户服务行业需要具备更强的数据分析能力和客户挖掘能力，以便为客户提供更加个性化的服务，不断提高服务质量。通过数据分析，客服中心可以深入了解客户的需求和偏好，为客户提供符合他们需求的产品和服务，提高客户满意度和客户黏性。

3. 数字化客户服务

客户服务行业将逐步实现数字化转型，提供更加智能化和数字化的客户服务。数字化客户服务包括智能客服、在线客服、社交媒体客服等多种形式，可以更好地满足客户的多元化需求。通过数字化客户服务，客户服务行业能够根据客户的需求，逐步推进数字化转型，提升自身的数字化能力，更好地管理客户关系以满足客户的需求和提高服务质量。

此外，客户服务行业注重可持续发展，推行绿色客服和环保客服，采用节能减排的技术，减少对环境的污染和影响，提高企业社会责任感和可持续发展能力。

> **行业动态** 数字化是服务业高质量发展的重要途径
>
> 党的二十大报告指出："构建优质高效的服务业新体系，推动现代服务业同先进制造业、现代农业深度融合。"这一论断为服务业高质量发展指明了方向。在数字化浪潮下，加快推动服务业数字化升级转型是服务业高质量发展的重要途径。

> **思考交流**
> 新科技在客户服务行业中的广泛应用，还体现在哪些方面？

（二）客户服务柔性化

由于服务产品的无形性、不稳定等特点，在服务过程中，无论客户还是服务提供者，都会因时、因地、因人而对同一服务产生不同的质量感受。由于客户对服务满意的评价是不确定的，所以在服务产品设计和传递过程中，优先需要的不是计划与控制能力，而是适应客户需求变动的预知能力、应变能力和调整能力。例如，用有效的成本方式开发多种服务产品或改进现有服务产品的能力；对服务传递系统进行的程序调整的能力；在服务接触的关键时刻，为了减少服务的不稳定性而对服务传递过程和构成要素进行快速反应的能力。

> **行业动态** > 柔性服务，如何占有你的"美"
>
> 　　柔性服务极具传播价值。柔性服务本身外显的价值，就是实施了这种服务模式的企业会很快成为社会上的一个话题，进而引起媒体的关注。一方面，采用柔性服务本身已经颠覆了企业所在行业的传统做法，从资源配置、服务方式到顾客体验，都会给人耳目一新的感觉；另一方面，柔性服务多数会伴随商业模式和技术上的创新，比如将移动互联、移动支付、客户关系管理等工具融合在一起呈现给顾客，这些创新非常具有吸引力。因此，当企业实施柔性服务后，将有机会实现成本小、收效大的"软传播"，即通过吸引媒体的关注和报道，节约大量传播费用，掌握传播主动权。

（三）客户服务亲情化

　　随着科学技术和企业管理水平的不断提高，企业在产品、质量、价格、种类等方面的差距很小。经济的不断发展使客户的购买能力不断增强，而且客户心理正发生从单纯追求物质消费到更看重、更追求物质消费以外的附加消费及心理感受的变化。这一变化使服务因素已逐渐取代产品质量和价格而成为市场竞争的新焦点。亲情化的核心是服务的个性化和精确化，是指以无限的热情、深入地洞察和准确地把握客户希望的产品或服务的个性，精确而又恰当地介入客户购买和更新产品或服务的意愿，并通过满意的服务来实现企业的营销目标。

> **练一练**
>
> 让人感动的服务
>
> 　　东方饭店非常重视培养忠实的客户，并且建立了一套完善的客户关系管理体系，使客户入住后可以得到无微不至的人性化服务。
>
> 　　一位客人因公务出差，下榻在东方饭店。这是他第二次入住，几个细节使得他对该饭店的好感迅速升级。早上，当他走出房门准备去餐厅时，楼层服务员恭敬地问道："于先生是要用餐吗？"他很好奇，反问："你怎么知道我姓于？"服务员说："我们饭店规定，晚上要背

熟所有客人的姓名。"这令他大吃一惊。他高兴地来到餐厅所在的楼层，刚走出电梯门，餐厅服务员说："于先生，里面请。"他更加疑惑，问："你怎么知道我姓于？"服务员答："上面的电话刚刚下来，说您已经下楼了。"如此高的效率让他再次大吃一惊。他走进餐厅，服务员微笑着问："于先生还要坐老位子吗？"这时，他的惊讶再次升级，心想："尽管我不是第一次在这里吃饭，但最近的一次也有一年多了，难道这里的服务员记忆力那么好？"看到他惊讶的目光，服务员主动解释说："我刚刚查过系统记录，您在去年的6月8日在靠近第二个窗口的位子上用过早餐。"他听后兴奋地说："老位子！老位子！"服务员接着问："老菜单？一个三明治、一杯咖啡、一个鸡蛋？"他现在已经不再惊讶了，说："老菜单，就要老菜单！"

在上餐时，餐厅赠送了他一碟小菜。由于他第一次看到这种小菜，就问："这是什么？"服务员后退两步说："这是我们特有的风味小菜。"服务员为什么要先后退两步呢？她是怕自己说话时口水不小心落在客人的食品上。这一次早餐给他留下了难忘的印象。

后来，由于业务调整，于先生有3年的时间没有再入住东方饭店。在他生日的时候突然收到了一封由东方饭店寄来的生日贺卡，里面还附了一封短信，内容是："亲爱的于先生，您已经有3年没有来过我们这里了，我们全体人员都非常想念您，希望能再次见到您。今天是您的生日，祝您生日愉快。"

东方饭店的哪些服务会让人感动呢？

✓ 任务实施

1. 实施内容

客户服务行业发展趋势调研。

2. 实施要求

根据本任务所学知识，实地调研或通过互联网收集资料，了解目前客户服务行业转型和高科技下客户服务行业的发展趋势。

3. 实施步骤

（1）党的二十大报告指出，要加快建设网络强国、数字中国；《中华人民共和国国民经济和社会发展第十四个五年规划和2035年远景目标纲要》也提出："适应数字技术全面融入社会交往和日常生活新趋势，促进公共服务和社会运行方式创新，构筑全民畅享的数字生活。"请全班同学自由分组，每组 3 ～ 5 人，通过互联网查阅相关资料并深入学习党和国家对于数字化发展做出的战略部署，思考数字化进程对客服行业发展的影响。

（2）小组通过实地走访或互联网进行相关资料收集、汇总、了解新时代背景下消费者需求变化和新技术运用对传统客户服务行业带来的巨大冲击，思考如何加强技能学习，以适应未来的行业发展。

（3）以小组为单位制作 PPT 并进行汇报，小组互评，教师点评，全班同学开展深入交流与分享。

任务评价

任务评价表

学习目标	评价项目	自我评价（30%）	组间评价（30%）	教师评价（40%）
专业知识（30分）	了解客户服务行业面临的挑战			
	了解客户服务行业的发展趋势			
专业能力（45分）	能正确认识客户服务行业面临的挑战和发展趋势			
职业意识（25分）	责任意识			
	团队合作意识			
	服务意识			
	实践创新意识			
教师建议： 个人努力方向：		评价标准： A. 优秀（≥80分）　　B. 良好（70 ～ 80分） C. 基本掌握（60 ～ 70分）　D. 没有掌握（<60分）		

任务小结

随着智能客服、AI 体验等先进技术的出现，人工客服成本将大幅度降低，服务效率和服务质量提高，能够更好地满足客户的需求。服务经营环境迅速变化、竞争态势日趋激烈，服务柔性问题研究也开始引起关注，为客户服务行业带来了新的发展机遇。

同步测试

一、单项选择题

1. 下列哪项不应属于网络客服人员的沟通态度（　　　）。
   - A. 端正、积极的态度
   - B. 有足够耐心
   - C. 有足够热情
   - D. 回避、推脱问题

2. 下列哪一项是网络客服人员在处理异议的沟通中应注意的事项（　　　）。
   - A. 当客户有异议的时候，可以使用自动回复功能
   - B. 在回复客户时，可以使用反问句
   - C. 在回复客户时，可以使用感叹号或刺目的字体颜色来强化感情
   - D. 在处理议价的时候，态度要亲切，解释要得体，用语要规范

3. 客户询问是否还有其他款式，这时，客服人员应该（　　　）。
   - A. 发送催付信息
   - B. 礼貌告别
   - C. 推荐关联商品
   - D. 适时提醒下单

4. 如果你是公司售后服务人员，对客户提出的不符合公司规定，但对客户又很重要的服务要求，你将采取（　　　）应对方法。
   - A. 因为不符合公司的规定，对客户的要求不满足
   - B. 向客户说明公司的规定，表明不能解决的原因
   - C. 先向客户解释，再向公司提出改进有关规定的建议，以尽量满足客户的要求
   - D. 为了让客户满意，在公司没有统一的情况下，先行扩展公司规定的服务范围

5. （　　　）是一个过程，它以费用较低的方法给供应链提供较大的增值。
   - A. 客户服务
   - B. 电话服务
   - C. 上门服务
   - D. 售后服务

6. 售中服务主要内容不包括（　　　）。
   - A. 向客户传授知识
   - B. 广告宣传
   - C. 提供代办业务
   - D. 操作示范表演

7. 优质服务能给企业带来的主要好处是（　　　）。
   - A. 能节省大量的硬件成本
   - B. 能吸引优质员工，建立优秀的服务团队
   - C. 可以树立企业品牌
   - D. 以使员工产生企业自豪感

8. 要提高客户的满意程度，（　　　）必须有明显的提高。
   - A. 技术价值
   - B. 核心服务的价值
   - C. 信息的沟通
   - D. 服务时间

9. 客户服务按服务性质划分，可以分为（　　　）。

    A. 技术性服务   B. 售前服务

    C. 人工服务   D. 电子服务

10. 作为一名合格的客户服务管理人员，在纠纷处理结束后，要（　　　）。

    A. 对客户表示感谢   B. 赠送客户一件礼物

    C. 对客户表示歉意   D. 向客户推介产品

二、多项选择题

1. 客户服务人员工作压力的来源有（　　　）。

    A. 来自工作环境的压力   B. 来自服务对象的压力

    C. 来自自身的压力   D. 来自竞争对手的压力

2. 对于沉默客户的服务技巧有（　　　）。

    A. 诱导法   B. 沉默对沉默

    C. 捕捉对方的真实意图   D. 循循善诱让对方打开心扉

3. 以下（　　　）是网络客服岗位的素质要求。

    A. 工作认真、细心、责任心强

    B. 有良好的沟通能力、应变能力和记忆力

    C. 培养积极的心态、良好的心理素质，能抵抗高压

    D. 有团队协作能力

4. 客户在网上购物，担心商品是假冒产品时，客服人员应该（　　　）解释。

    A. 如果怀疑就不要买

    B. 我们是厂家授权店，确保是真品

    C. 我们是保证正品的，接受专柜验货，假一赔十

    D. 您可以看一下店铺中的购买记录、评论，再放心购买

5. 关联推荐可分为（　　　）。

    A. 推荐同类商品   B. 推荐配套商品

    C. 推荐促销商品   D. 推荐同价商品

三、判断题

1. 客服从业人员需要具有良好的沟通能力。　　　　　　　　　　　（　　　）

2. 拓宽眼界、培养兴趣有助于客服人员拉近与客户在网络上的距离。　（　　　）

3. 按照实际提供服务的主体不同，客户服务可分为售前服务、售中服务和售后服务三类。　　　　　　　　　　　　　　　　　　　　　　　　　　　　（　　　）

4. 产品下架是指将出售中的产品放入仓库中不再销售。　　　　　　（　　　）

5. 在和客户沟通时，应注意不要有意打断客户，在不打断客户的前提下，适时地表

达自己的意见。 （　　）

6. 在拨打电话时，应首先向客户通报自己的工号或姓名。 （　　）

7. 客服人员不可直接拒绝买家的各种要求，只能用婉转的方式说明拒绝理由。

（　　）

8. 客户是产品或服务的最终接受者。 （　　）

9. 由于客户与服务人员在服务过程中会不可避免地直接接触，因此服务的生产过程与消费过程是统一的。 （　　）

10. 作为网络客服人员，要把客户放在第一位，面对问题很多的客户要有足够的耐心，通过专业知识一一打消客户的疑虑。 （　　）

11. 售后客服人员的主要工作包括了解客户、解决问题、产品介绍推荐、促成订单。

（　　）

12. 对于不合理的客户要求，客户服务人员无须在意。 （　　）

13. 客户每天被各种服务包围，具有享受各类优质服务的经历，因此对优质服务的要求也越来越高。 （　　）

14. 由于服务产品的无形性、不稳定性，在服务消费过程中，不论是客户还是服务提供者，都会因时、因地、因人地对同一服务产生不同的质量感受，这就形成了服务的异质性。 （　　）

15. 亲情化服务并不在意企业目前效益是否降低，而在意通过特色服务缩短或消除企业与客户之间在时间、空间，特别是心理上的距离。 （　　）

四、简答题

1. 简述客户服务类型。

2. 简述客户服务行业的发展趋势。

五、案例分析题

（一）"A公司意味着最佳服务"

A公司有三大基本信念：尊重每一位顾客、提供最佳服务、追求卓越工作。这三大信念贯穿于A公司的一切工作规范和经营活动之中。靠最佳服务赢得顾客并占领市场，是A公司成功的秘诀。A公司总裁对服务曾经做了这样的说明："多年以来，我们登了一则广告，用一目了然的粗笔字体写着：A公司就是最佳服务的象征。我始终认为，这是我们有史以来最好的广告。因为它清楚地表达了A公司的真正的经营理念——我们要提供世界上最好的服务。"

一次，B公司资料处理中心的计算机出了故障，A公司请的6位专家几小时内就从各地赶到了，其中4位来自欧洲、1位来自加拿大、1位来自拉丁美洲。还有一次，一位在当地工作的服务人员驾车前往某地为顾客送一个小零件，顾客急需恢复一个失灵的数据中心储存功能。然而，大雨造成了交通堵塞，原本半个小时的车程变得遥遥无期。这位服务人员没有原地等待，而是披上雨衣徒步将零件送到了顾客手中。

接受顾客各种具有挑战性的服务难题，已经成为 A 公司的服务特色。视顾客为"上帝"，奠定了 A 公司快速发展的基础，从而塑造了 A 公司守信誉、重服务的企业形象。

案例思考：

1. A 公司赢得客户、占领市场靠的是什么？
2. 你从 A 公司以服务为中心的工作中得到了什么启发？

（二）一次失败的电话营销

某信息技术公司电话销售人员小杨拨通了某大学市场营销系郭教授的电话，推销公司开发的市场营销模拟教学软件。对话过程如下：

小杨："您好，请问是市场营销系郭教授吗？"

郭教授："是的，请问哪位？"

小杨："我是××公司的小杨，我们公司是专业开发模拟教学软件的。请问郭教授现在讲话方便吗？"

郭教授："有点儿忙。对了，你有什么事？"

小杨："是这样的，郭教授。我们公司推出了一套市场营销模拟教学软件，很好的。而且，近期我们公司针对新客户推出了一项优惠措施，即第一次购买我们的软件，客户可以享受正常价格的八折优惠。郭教授，您觉得怎么样？"

郭教授："哦，原来是这样。不如这样吧，你先发过来一个产品介绍给我们看看，如果有需要我会联系你的，好吗？"

小杨："好的，待会儿我就给您发过去。顺便问一下郭教授，你们学校开设了哪些实验课？使用过哪些教学软件？"

郭教授："我要开会了……"

案例思考：

1. 在这次通话中，小杨的目的有没有达到？问题出在哪儿？
2. 你认为，应该怎样对这次通话过程进行修正？

项目简介

　　本项目主要介绍客户识别、客户细分、客户需求识别、客户状态识别、客户价值分析、客户选择的必要性、客户选择的标准、客户选择的方法、客户开发策略等内容。

学习目标

知识目标：

○ 了解客户识别的概念。

○ 了解客户选择的必要性，了解客户选择的标准及方法。

○ 认识客户识别对企业与客户的价值。

○ 理解营销导向和推销导向的客户开发策略。

能力目标：

○ 能正确识别客户，了解客户需求，识别客户状态，分析客户价值，与客户建立合作关系。

○ 能够对客户进行客观分析，运用客户选择的指导思想，与客户分步骤地建立信任关系。

○ 能够在不同场景下，选择合适的客户开发策略并实施。

素质目标：

○ 培养学生具有强烈的社会责任感、良好的职业道德，具有稳定的心理素质和良好的社会服务意识。

○ 培养学生具有敢于担当、积极进取的工作态度，使学生树立正确的从业心态，保持对客户服务工作的热忱和热爱。

○ 引导学生敢于创新，勇于实践，营造人人皆可成才、人人尽展其才的良好环境。

任务一　客户识别

任务情境

王一迪在工作中经常要与客户联系，进行客户回访，了解他们的最新需求并为客户提供服务。她在工作中发现自己的工作效率很低，经常与客户沟通了一个下午都没有几位客户对她推荐的产品感兴趣，也很少有客户购买。她看到一个月下来，自己和同事的业绩有很大的差距。她的客户经理每次与客户联系都能很好地进行产品销售，也能收集到客户的很多信息。她通过观察发现：面对客户，需要在短时间内识别客户、收集和整理客户的需求、了解客户的状态。这些对于做好客户服务工作非常重要。

知识储备

客户识别是通过一系列技术手段，根据大量客户的个性特征、购买记录等可得数据，确定对企业有意义的客户，将其作为企业客户关系管理的实施对象，从而为成功实施客户关系管理提供保障。

一、客户需求识别及细分

（一）人的需求及其特点

需求是以购买能力作为基础的欲望。当购买欲望、购买能力、一定的时间和空间三个条件同时满足时，就形成了客户对某种产品或服务的有效需求。需求具有以下特点。

（1）需求是一个复杂的统一体。根据马斯洛的需求层次理论，人的需求分为五个层次。这五个层次之间相互关联，从下向上依次是生理需求、安全需求、归属需求、尊重需求和自我实现需求。人们需求的满足顺序，是一个从低级向高级满足的过程。

（2）需求是显性与隐性的统一。有的客户需求可以被轻易地发现，而有的需求隐藏较深而不易被发现。显性需求是客户意识到并愿意表达出来的需求；隐性需求可能是客户不愿意表达出来，或者是客户自己也没有意识到的需求。

（3）欲望的无限性决定了需求是无止境的。随着经济的不断发展，客户需求的形式、内容、层次也在不断提升，这就要求企业具有持续开发新产品和服务的能力。

（4）消费者的需求具有可引导性。需求的可引导性是指企业不仅可以满足客户的需求，而且可以引导客户的需求，通过新产品或服务将客户潜在的需求挖掘出来。企业可以通过改变价值观念、把握全新机会、设计生活方式、营造生活空间等途径去创造或满足客户不断变化的需求。

客户需要"礼物"

珠宝柜台来了一位30多岁的男性客户。在珠宝销售顾问的引导下，客户选中了一款价值9600元的女士钻戒。客户对款式比较满意，价格也在他的预算范围内。就在珠宝销售顾问以为客户要买单的时候，客户突然问了一个问题："你们现在有什么礼物赠送吗？"珠宝销售顾问回答："最近公司活动比较多，礼物刚好送完了。"客户还是反复地问："你们能不能送点别的礼品？"这时候销售经理介入，向客户询问到："您好，这是送太太的吧，您太太真幸福呀！是过生日还是平时送礼啊？"客户回答："是打算送给她的生日礼物。"销售经理得知客户的太太的生日就在第二天后，决定给客户的太太预订一束鲜花并作为礼品送出。客户觉得特别满意，随即就付款了。

在实际销售过程当中，每个客户索要礼物的目的是完全不同的。例如，有的客户可能只是为了更优惠一些；有的客户刚好想要另一件物品，但是又不想另外花钱或花时间去购买；有的客户刚好碰到紧急情况，如外面下雨，就随口问一句有没有雨伞赠送；有的客户可能真的只是随口问，有没有也不会太计较。

（二）客户需求的类型

1. 客户需求结构

客户需求结构理论认为客户的需求包括四个方面：功能需求、形式需求、外延需求和价格需求。

（1）功能需求。功能需求是客户对产品最基本的需求。功能需求分为三个部分，例如客户购买一台笔记本电脑，对笔记本电脑的使用需求就是主导功能需求，要求使用过程中有供交流的社群和相应的教学视频就是辅助功能需求，而定期的系统更新和与笔记本电脑配套的其他产品就是兼容功能需求。

（2）形式需求。形式需求是客户对企业所提供的产品在品质、品牌和载体方面的需求。例如，客户要求购买知名品牌的笔记本电脑，就是形式需求中的品牌需求。

（3）外延需求。外延需求是客户对企业所提供的产品在服务等方面的需求，具体包括服务需求、心理需求和文化需求。客户要求提供三年产品质量服务保障、相关软件及计算机系统更新的需求就属于外延需求。

（4）价格需求。价格需求是客户对企业提供的产品性价比方面的需求。例如，各品牌笔记本电脑在功能、品质和服务都相差不多时，有些客户倾向于购买便宜的，有些客户更倾向于购买价格昂贵的。

2. 客户需求状态

（1）无需求。处于这种状态的客户，对现状很满意认为目前没有购买需求，或者有潜在的需求但并没有感觉到。这样的客户即使有人提醒他们，他们也认为没有必要改变现状。

对于处于这种状态的客户，最好不要向他们推荐产品。无论你的产品有多么好，对于一个没有需求或未意识到自己有需求的客户，无论怎么推荐都无济于事的。

（2）需求不确定。客户已经意识到自身对某些产品或服务有所需求，但其不确定如何选择合适的产品和方案来解决。这个阶段客户的特点是，能够明确地知道自己不要什么。

对于这类客户，要明确提出产品标准、生产工艺、质量规格、采购数量、价格、服务等内容，以降低客户的选择难度，从最终效果的角度出发，告诉客户应该如何选择产品或者服务的标准，让你的推荐标准变成客户的购买标准。

（3）需求半确定。客户的需求较为明确，并且有了一定的购买标准，但是这些标准是可以修改的；或者客户已经有了一些意向性的产品和服务，但是没有最终确定，还在几家企业提供的产品中进行选择。这些都属于半确定的需求。

对于这类客户，需要找出做购买决策的关键人物，让对方认可企业的产品和服务，这是获胜的关键。

（4）需求确定。客户需求明确，并且要求马上满足，也完全确定了自己的购买标准，而且这些购买标准不可更改。

对于这类客户，首先要清晰、全面地了解客户的需求，然后根据客户的要求和标准及时地阐明自己产品或服务的匹配程度，尽快满足客户需求，得到客户认可，从而完成交易。

教学案例 影响客户满意的指标

企业要想充分满足客户需求，并得到客户的满意，就必须对客户的满意程度进行具体化。具体影响客户满意的指标如下：

（1）客户预期，指的是客户在购买前对所购买的产品或服务给予的期待和希望。客户预期有一个鲜明的特点，在一般情况下往往是高于客户的需求的。

（2）客户感知价值，指的是客户所能感知到的收益与其在获取产品或服务时所付出的成本进行权衡后，对产品或服务效用的总体评价。

（3）客户抱怨，指的是客户对产品或服务的实际感受未能达到其预先的期望所造成的心理或行动上的负面评价。

（4）客户忠诚，指的是客户对企业的产品或服务的认可和依赖以及重复购买的程度，它通过客户的情感忠诚、行为忠诚和意识忠诚表现出来。

（三）客户细分

客户购买产品和服务的目的不同，因此其与企业形成的关系也不同。根据客户与企业的关系可对客户进行以下细分。

1. 消费者客户

购买企业最终产品与服务的是直接消费者，通常是个人或家庭。这类客户数量众多，但是消费金额一般不高。企业往往需要着重关注这类客户，这类客户庞大的基数是形成良好口碑的关键，虽然要付出很大精力，但要尽量使这类客户满意，以提升企业和品牌的良好形象。

2. 中间客户

中间客户虽直接购买企业的产品或服务，但是并不是产品或服务的最终消费者。他们将购买来的产品或服务附加到自己的产品或服务中，再进行销售。这些客户是处于企业与消费者之间的经营者，例如经销商就是典型的中间客户。

3. 内部客户

内部客户是指企业（或联盟企业）内部的个人或部门。这些客户需要通过企业的产品或服务来实现他们的商业目标，通常是最容易被企业忽略的一类客户，例如企业员工就是企业较为重要的内部客户。

4. 公利客户

公利客户代表公众利益，向企业提供资源，然后直接或者间接地从企业获利中收取一定比例的费用的客户，例如政府、行业协会和媒体。

二、客户状态识别

（1）潜在客户：对企业销售的产品和服务有需求，同时具有购买能力的人。可以认为是那些现在还没有购买产品，但是可能购买的人群。

（2）目标客户：通过交流互动可能对产品产生兴趣的客户。是否为目标客户，可以从以下几个方面衡量：是否有购买需求，是否为购买行为决策者、是否具备支付能力等。

（3）准客户：对产品产生兴趣，也对产品产生了购买欲望。

（4）成交客户：购买了企业的产品或服务的客户。

（5）忠诚客户：持续购买产品，并且愿意将企业和产品介绍给其他人的客户。

三、客户价值分析

（一）交易型客户和关系型客户

交易型客户的特点是关心商品的价格，在购买商品之前，会花很多时间调查产品的价格。交易型客户因为追求低价，所以给企业带来的利润较少。

关系型客户希望能够找到一个可以依赖的产品生产或提供服务的企业，希望能够与企业建立一定的关系，从而满足其需求。这样的客户一旦认可企业，就会重复购买商品和享受服务。从长期来看，关系型客户是为企业带来利润的主要来源。

（二）客户价值相关要素

1. 客户的需求

客户的需求是企业获取价值的关键，企业需要在一定的条件下，确认或创造客户需求并满足其需求。在评估客户的需求时，应评估客户购买的可能性。

2. 客户的需求量

企业知道客户存在尚未满足的需求以后，还需要对客户的需求量有所了解。客户是一次性需求还是长期需求是影响企业评估客户价值的主要因素。对于一个需求量大，又愿意长期购买产品的客户，企业需要格外重视。

3. 客户的购买力

当客户的购买欲望十分强烈、购买数量也很大的时候，企业需要评估客户的购买力。购买力评估有以下几点：第一，弄清客户的购买力；第二，清楚知道客户愿意以多大的付出来采取购买行动；第三，当客户有足够的购买力，却因为价格高于预算的时候，企业需要向客户说明产品定价的正当理由，为客户提供足够的价值。

4. 客户的信用

企业评估客户价值，还需要考虑客户的信用，将企业的经营安全放在第一位。企业需要对客户的信用进行审查和评估，包括对客户进行各方面的调查，了解客户的资信情况、信誉情况、贷款情况等。在对企业客户进行评估的时候，还需要对企业内部情况、组织经营者及组织内部情况进行调查，同时还要考察客户在同行中的口碑，与客户合作过的单位（包括相关厂家、卖场，当地政府、工商、税务、银行、媒体）的评价等。

✅ 任务实施

1. 实施内容

识别客户角色扮演及分析汇报。

2. 实施要求

根据本任务所学知识，选择国内或区域内知名企业开展调研，以实地走访的形式在销售现场（或线上）观察销售人员与客户的交流与互动。采访销售人员是如何识别客户角色、判断客户价值并与客户互动的，现场拍摄小视频，在班级范围内进行分析汇报。

3. 实施步骤

（1）全班同学自由分组，每组 3 ~ 5 人；小组选择一个企业或一个品牌，实地走访。

（2）观察销售人员是如何与客户接触，并与客户互动促进销售的。

（3）以小组为单位制作 PPT 并进行汇报，小组互评，教师点评；全班同学开展交流分享。

任务评价

任务评价表

学习目标	评价项目	自我评价（30%）	组间评价（30%）	教师评价（40%）
专业知识 （30分）	了解客户的需求及特点			
	掌握客户需求类型与状态			
	理解客户价值			
专业能力 （45分）	能够正确识别客户			
	正确认识客户对企业的价值			
	能够针对不同客户进行互动促销			
职业意识 （25分）	积极主动、尊重客户的意识			
	团队合作意识			
	人文关怀意识			
	实践创新意识			
教师建议： 个人努力方向：		评价标准： A. 优秀（≥80分）　　B. 良好（70～80分） C. 基本掌握（60～70分）D. 没有掌握（<60分）		

任务小结

　　企业将产品与服务销售给客户，不是一次性的单方面行为。销售过程是企业与客户建立关系的过程，销售人员在销售过程中应该发挥自己的专业优势，通过对客户的识别、对客户状态和类型的分析，评估客户的价值。这样既能为企业带来长期与稳定的收益，也能为客户真正满足需求提供保障。

任务二　客户选择

任务情境

　　公司为了开展"双11""双12"及元旦等节日活动，组织王一迪所在的部门收集与整理客户资料，并通过网络及电话与客户联系，最终锁定可能参与活动的客户并提供给营销部门，为策划活动做好准备。

知识储备

　　客户资料能够让销售人员更加了解客户，掌握客户的需求，从而在竞争中取得优势，所以销售人员需要了解客户资料包括哪些内容，并且会根据客户资料选择客户。

思考

　　为什么要选择客户呢？选择客户的标准是什么？有什么样的选择方法？

一、客户选择的必要性

企业对目标客户进行选择，主要基于以下几个方面的考虑。

1. 不是所有的购买者都是目标客户

每个企业能够有效服务的客户是有限的，市场中只有一部分客户能成为企业产品和服务的实际购买者。在那些不愿意购买或没有能力购买的非客户身上投入较多时间、精力等资源有损企业利益。企业如果能够准确选择目标客户，就可以把资源更有效地用于企业的发展。

2. 不是所有的客户都能带来收益

客户在购买需求和能力上存在很大的差异，不是每位客户都能为企业带来收益和真正的价值。优质客户能够带来高价值，普通客户带来的价值低，劣质客户带来的可能是负价值。企业必须选择正确且稳定的客户。

3. 正确选择客户是为了成功开发客户

企业经过认真分析，选准目标客户，对于开发客户、实现客户忠诚帮助很大。如果企业选错了客户，开发客户的难度就很大，开发成本也会比较高，开发成功后维持客户关系的难度也就比较大。

4. 选择客户有利于企业准确定位

企业选择客户是为了能够为客户提供适当的产品和服务，因此，正确选择客户有利于企业准确定位。对客户不进行筛选可能造成企业定位模糊、混乱，也不利于树立鲜明的企业形象。

企业案例

客户是有感情的人

庄先生因业务关系经常到苏州出差。每次到苏州，他必定下榻蓝天大酒店。这令他的朋友们感到不解，庄先生完全可以入住更高档的酒店，钟情这家三星级酒店是为什么呢？后来才了解到，几乎每一位入住过蓝天大酒店的客户都会很快成为它的忠实拥护者。每次庄先生预订客房，只需要打一个电话、报上姓名，一切手续就会安排妥当。

蓝天大酒店是这样看待客户的：客户是有感情的人。酒店与客户之间不能只是一种商业交往行为，更重要的是人与人之间的情感沟通。蓝天大酒店悉心了解客户的喜好、习惯、消费需求等个性化信息，并且在此基础上提供产品和服务，从而获得客户的好感。蓝天大酒店有详细的客户资料档案卡，记载客户的国籍、职业、地址、特别要求、个人爱好、饮食口味和最喜欢的菜肴及酒水等。对入住频繁的客户，蓝天大酒店甚至连其喜欢的洗发水、房间装饰的摆放都有相关的记载。

二、客户选择的标准

客户分为一般客户和重要合作企业，企业在选择客户时要考虑不同的影响因素。

1. 一般客户选择的影响因素

（1）消费者：年龄、地点、职业、阶层和爱好。

（2）销售终端：地点、实力、规模和行业。直接面对消费者的销售终端是很多企业的选择。

（3）中间经销商：财务能力、产品品种和是否有品牌。

（4）优质客户：那些与企业建立了相互信任关系、能够为企业提供稳定现金流的客户。例如，办事牢靠、为人诚实，喜欢稳定且有长期业务合作关系的客户；购买量大或者习惯于在某处集中购买，付款及时的客户。

（5）确定对企业具有长远利益影响的客户：主要考察客户与企业交易的规模、对其他客户群体的影响、客户的稳定性、企业为争取目标客户的竞争激烈程度、独特的增值机会、成本节约以及客户未来交易的可能性等。

2. 重要合作企业选择的影响因素

（1）市场范围：主要考虑所选经销商的经营范围所包括的地区与企业产品的预期销售地区是否一致。

（2）信誉：经销商的经验和财务能力通常可以退而求其次，但是这些经销商的信誉是绝对重要的和不容商量的。

（3）经销商的经营历史：长期从事某种商品的经营，通常会积累比较丰富的专业知识和经验，因而在行情变动中能够掌握经营主动权，保持稳定的销售量或趁机扩大销售量。这是企业要考虑的重要因素。

（4）财务状况：企业倾向于选择资金雄厚、财务状况良好的经销商，因为这样的经销商能保证及时付款，还可能在财务上向生产企业提供一些帮助。

企业案例

选择客户就是选择发展方向

某电子公司有一项很重要的业务叫叠层电感，在几年前发展非常好。当时企业判断，叠层电感所处的生命周期属于发展期的早期，而手机的生命周期已经快到成熟的稳定期了。需要提前判断，到2025年有哪些手机厂商会变得更强大，哪些手机厂商可能会消失。

该公司随后请了手机行业的专家进行培训，并做了一次模拟演练——

到 2025 年哪些手机厂商会存活下来。专家的判断是：第一个是苹果，第二个是三星，第三个是当时实力强盛的 LG。除了这些国外品牌，还认为华为、小米、OPPO、vivo、中兴等国产品牌都会发展得不错。而且预测到 2025 年，这些品牌完全有可能占据全球 90% 以上的手机市场份额。这几个厂商中，只有两个是该公司的客户，更糟糕的是，其中一个客户只占据了 5% 的销售额。

于是，公司重新规划业务发展方向，要求业务部门必须拿下 OPPO 和 vivo 这两个客户。后来，该公司顺利达成了目标，并在未来几年的发展中，取得了不错的业绩。

练一练

请尝试为以下产品和服务选择其合适的目标客户，并说明依据。

产品/服务	目标客户	建立合作关系的依据
OPPO 手机		
阿里云服务		
抖音"抖+"		
小鹅通		

三、客户选择的方法

选择客户是企业营销的重点，在这个过程中获得客户的理解、配合和支持是至关重要的，一般遵循以下步骤和方法。

（1）寻找客户：寻找客户就是找到对企业的产品和服务有需求、有兴趣的客户，了解其相关信息，通过收集、筛选客户信息为进一步联系和拜访客户做准备。

（2）联系客户：可以通过打电话、发邮件、寄信函和上门拜访的形式与客户联系。

（3）销售准备：一是产品和服务的销售资料准备，包括公司介绍、产品及服务画册、样品、报价单、演示辅助工具、合同样本等；二是对客户异议预测和应对的准备，根据经验要对客户可能提出的异议做好应对准备；三是仪表修饰和个人状态准备，以良好的仪表、饱满的精神状态去见客户。

（4）克服异议，建立关系：第一，要有积极的心态，当客户一时不能接受企业的产品和服务或者对合作没有兴趣时，要保持积极的接触心态；

第二，认同客户的感受，认同不是赞同，而是淡化冲突，为进一步建立关系打下基础；第三，了解客户反对的意见或者一时不能下定决心合作的原因，然后找到机会消除客户的焦虑并帮助客户解决问题；第四，给予客户足够的信任，鼓励客户综合评价，为客户做出明智的选择给予足够的时间。

企业案例 ➡

与客户建立关系是一个循序渐进的过程

某家电企业计划在上海寻找一家代理商，洽谈了几家公司以后，比较中意 A 商贸公司。A 商贸公司由于销售网络数量与布局、经营能力、财务水平等方面都占优势，成为多个厂家争夺的对象。

该家电企业的营销总监宋总监亲自出马，先对 A 商贸公司的经营状况及代理的品牌在市场上的情况进行了了解。他了解到 A 商贸公司的王总正在考虑更换代理的品牌，并且洽谈了几家公司，还没有最终拿定主意。掌握了这些情况以后，宋总监约王总进行洽谈。在洽谈中，宋总监没有直接要求合作，而是希望王总慎重考虑，不要匆忙做决定。过了几天双方又见面了，宋总监像朋友一样帮助王总分析企业代理一个品牌后的经营得失。王总表示，自己做了很多年的经销商从来没有听到这样的经营分析。

又过了几天，宋总监又向王总演示了自己多年来研究的系统数据化、工具化的营销分析方法，并且耐心地给王总讲解这套方法，直到王总基本掌握。接下来，宋总监还是不提双方合作的事，只是隔三岔五地给王总发一个问候短信，并不时提供一点儿有用的信息。一个月后，王总主动打电话给宋总监，希望洽谈签订合约。

📝做一做

学校即将迎来招生季，请你参与学校的招生志愿服务工作。你如何向前来咨询的学生及家长介绍你的学校和专业，与他们建立互信的关系？

✅ 任务实施

1. 实施内容

假如你是一名销售人员，选择自己的客户并与客户建立良好关系，最终促成销售。

2. 实施要求

故宫文创近期推出了"宫猫"系列产品，假如你是该系列产品的销售人员请你选择身边可能会购买此商品的同学、老师和家庭成员，与他们建立关系，销售出去一件"宫猫"产品。

3. 实施步骤

（1）全班同学自由分组，每组 3 ～ 5 人；小组成员根据所学知识，在下表中列出关键步骤的解决方法，制作 PPT 并进行汇报。

可能出现的情况	相 关 理 论	实 践 方 法
谁可能是你的客户？为什么？		
你如何选择你的客户？		
你如何与客户建立关系（特别是处理客户的异议和对产品不感兴趣的客户）？		
本次销售后，你如何与客户建立长期并有价值的关系？		

（2）开展评价活动，小组互评，教师点评，班级同学开展深入交流与分享。

✎ **任务评价**

任务评价表

学 习 目 标	评 价 项 目	自我评价（30%）	组间评价（30%）	教师评价（40%）
专业知识 （30分）	了解客户选择的必要性			
	掌握客户选择的标准			
	掌握客户选择的方法			
	掌握售后服务面临的问题及解决方法			
专业能力 （45分）	能够根据标准收集与筛选客户资料			
	能够通过与客户接触，恰当选择客户			
职业意识 （25分）	换位思考的意识			
	劳动意识			
	服务意识			
	实践创新意识			
教师建议： 个人努力方向：	评价标准： A. 优秀（≥ 80分）　　B. 良好（70 ～ 80分） C. 基本掌握（60 ～ 70分）D. 没有掌握（<60分）			

客户选择是企业与客户建立关系的一种双向选择，企业及销售人员在这个过程中要能够体现出专业性，并有积极的心态，也要从长远和全局出发，分析建立客户关系为企业和客户可能带来的价值增长，运用专业知识与技能为企业与客户稳定关系的建立做出努力与贡献。

任务三　客户开发

◎ 任务情境

最近，王一迪通过网络及电话与客户进行联系，想要了解一些潜在客户的需求并与之建立良好的信任关系，从而开发一批新客户。但是在与客户沟通过程中，王一迪碰到了一个难题，就是不知道与客户聊什么。有时候说服务，有时候说价格，如果客户主动提问，她就回答两句；如果客户不问，就只能简单介绍几句后结束交谈。可想而知，客户开发的结果很不理想。对此，王一迪很是苦恼，究竟要怎么开发客户呢？

📋 知识储备

一、营销导向下的开发策略

营销导向下的客户开发策略就是企业通过产品、价格、分销及促销特色来吸引客户，提起客户兴趣，让客户主动购买产品和服务。

（一）提供恰当的产品和服务

为客户提供恰当的产品和服务是指提供的产品和服务能够满足客户的需求。

1. 功能出众

功能出众是企业提供的产品和服务能吸引客户的基础。例如 5G 手机，因为其所用的 5G 网络传输速率远远高于蜂窝网络，所以众多消费者把购买 5G 手机当作首选，就是因为其功能出众。

2. 质量卓越

质量卓越的产品总是会受到青睐，比如 2021 年格力空调提出了"十年包修"的承诺，刷新了我国家用空调行业承诺的最长保修期。格力之所以能有这样的承诺，就是因为对产品质量有信心。

3. 有吸引力的包装

包装与产品一起销售，可以吸引客户，刺激客户产生购买欲望。企业可以通过颜色、造型、风格、陈设、标签等设计为产品打造独特的包装形象，吸引客户购买。文化旅游创意产品就是将产品包装在具有文化内涵的包装里，从而吸引客户、促进销售的一种做法。

4. 人性化的服务

企业除了销售产品给客户，还为客户提供各种附加服务，如送货上门、安装调试、使用技术培训、以及为用户搭建交流社群、活动俱乐部等。例如，海底捞火锅就是因其人性化的优质服务而为企业带来了一批粉丝和稳定的客户群体。

5. 品牌的内涵

品牌是用来标识某种产品和服务，并使之与竞争对手的产品或服务区别开来的商业名称及标志。当客户对产品或服务的质量要求很高时，或者当客户难以做出购买决策时，品牌就会起到让客户放心和信任、增强客户购买信心的作用。

议一议

你或者你家是哪个品牌的忠实客户？说说这个企业的产品和服务具有什么特点。

品牌的附加值不但能够提升消费者的购买信心，而且能够给客户带来心理上或精神上的满足。

（二）制定恰当的价格

企业要想开发更多的客户，就要制定有吸引力的价格，保证产品或服务的价格合理。

1. 低价策略

低价策略是指企业用较低的价格来吸引客户购买，如每年"双11""618"活动，电商平台各大品牌及商家都通过降价、打折促销的形式吸引大量消费者。拼多多能够发展成为头部电商平台，也是靠较低的价格，同时在消费者心中留下了"物美价廉"的印象，消费者要购买相关商品，首先就会想到拼多多。

2. 高价策略

高价策略是指企业利用某些客户用价格来评判产品质量的心理，为产品和服务制定比较高的价格。例如新上市产品或特色产品等。

3. 心理定价

心理定价是指企业依据消费者对价格数字的敏感性的不同，采取的定价技巧。

（1）吉利数字定价。吉利数字是利用人们喜欢吉利数字的心理，如饭店推出888元一桌的套餐，或者花店推出99元一束的玫瑰花。

（2）整数定价。整数定价利用客户"一分钱一分货"的心理，在众多尾数定价的商品中，能够给人方便、简洁的印象。

4. 招徕定价

招徕定价又称特价商品定价，这是一种有意将商品按低于市场平均价格的价格出售来招揽消费者、引流造势的定价策略。例如，商品大减价、大拍卖、清仓处理等，由于价格明显低于市场上其他同类商品，因而顾客盈门。这种策略一般是对部分商品降价，从而带动其他商品的销售。例如，一些大型超市将特定的商品以低价出售，作为宣传来吸引消费者。

（三）恰当的分销渠道

分销渠道是指产品或服务从制造商流向客户所经过的各个中间商连接起来的整个通道。企业在选择分销渠道的时候要考虑销售途径及技术手段是否能为客户提供便利。

1. 销售途径方便客户

企业提供的产品和服务的渠道，是客户选择产品或服务的重要参考标准。高档产品展出在选址时就会对人均收入、人流量等因素进行综合考虑。

2. 技术手段方便客户

随着智能时代的到来，信息技术和自动化技术不断普及，网络、智能手机的普遍使用，以及自动售货机、自动收银和无感设备的使用，使客户购买商品的便利性提升。例如，中国铁路12306的推出，就为网上购买火车票提供了便利。客户可以通过手机App，使用支付宝或微信等支付手段，直接在手机上购买车票，凭借购票二维码或者身份证直接进站乘车。

（四）恰当的促销手段

促销是指企业利用各种恰当的信息载体，将企业及其产品或服务的信息传递给目标客户，并与目标客户进行沟通的传播活动，目的是引起客户的注意，从而刺激客户的兴趣及购买欲。

1. 广告

广告是企业向客户宣传产品和服务的一种方式。广告可以在各种媒介上传播，如果企业广告能够突出产品和服务为客户提供的价值，就会收到很好的宣传效果。

例如，瑞幸咖啡发布广告片《瑞幸 YYDS!》，瞬间吸引了网友的高度关注，收获了上百万的播放量和"1 亿 +"的话题阅读量，取得了非常好的宣传效果。

2. 促销活动

促销活动是企业利用短期的诱因刺激客户购买欲望的活动，有以下一些方法：

（1）免费试用。免费试用是企业为了让新产品和服务赢得消费者的青睐，为消费者提供的免费试用服务。例如，超市上架的新的饮料或者食品供客户免费品尝，就是为了让客户能够有机会品尝到新产品、新口味，接受新产品。

（2）免费服务。免费服务就是企业为客户提供服务，但是不收取费用。例如，很多景点向游客免费开放。数据统计显示，西湖免门票以后，十年来游客增加了 2.1 倍，旅游总收入增长了 3.7 倍，同时带动了西湖周边的经济的全面提升。这就是免费服务带来的相关产品和服务的促销作用。

（3）礼品。礼品与奖金类似，都是企业推出的对购买本企业的产品的客户进行的礼品赠送活动。例如，企业对忠实客户提供生日礼品，银行为信用卡使用者提供积分兑换奖品等。

（4）发放优惠券。优惠券是企业为了短期销售为目标客户印发的可以优惠购买某产品或服务的凭证。例如，每一年"双 11"电商平台提前给客户发放购物优惠券，吸引客户在活动期间集中购物，促进销售。

（5）"种草"。"种草"原本是一种用户行为，即消费者在使用或购买某一产品和服务的过程中，发现了产品或服务的亮点，而将使用和购买体验分享在社交平台上，从而让更多消费者产生了想要体验、拥有的欲望的过程。随着"种草"内容在社交平台上的增多，企业发现用户的自主"种草"为品牌制造了新红利：一方面，真实的产品场景化为品牌带来了新消费需求；另一方面，优质的产品体验帮助品牌唤醒了用户，催生了新消费。

三顿半是一个精品咖啡品牌，强调为广大咖啡爱好者呈现更多精品咖啡，让精品咖啡成为一种生活方式。三顿半通过产品、KOC（关键意见消费者）及社交渠道内容进行深度种草。

（1）产品即内容：产品颜值高、成图率高，用户很乐于拍照，从而形成自传播。

（2）培育品牌KOC：以专业消费者的身份参与产品研发、活动策划、高质量内容输出，放大"种草"价值，形成以KOC为核心的涟漪效应。

（3）社交渠道"种草"：运用微博、小红书上的达人进行内容"种草"。

议一议

你都被什么产品种过草？你的"拔草"过程是怎么样的？

二、推销导向下的开发策略

以人员推销为导向的客户开发策略，是指企业通过人员推销的形式来引导客户购买产品和服务，从而将目标客户开发成为客户的过程。

（一）寻找客户的方法

1. 逐户寻找法

逐户寻找法又称为"地毯式寻找法"，是指推销人员在所选择的目标客户群体活动区域，对目标客户进行挨家挨户的访问，然后说服客户购买产品和服务的方法。

采用逐户访问法，在执行过程中，企业可以借机进行市场调查。在与目标客户交流的过程中了解客户的需求倾向，是推销人员与各类客户交流沟通并积累经验的好机会。但这种方法需要耗费大量的人力和时间，被拒绝的概率很大，推销人员的素质和能力是成功的关键。

2. 会议寻找法

企业经常举办新产品和服务展销会、订货会、贸易洽谈会等形式的会议。推销人员可以借此获得和企业目标客户见面与交流的机会。例如，每年在广州举行的中国进出口商品交易会都吸引各国生产企业与贸易公司参会，这样的会议是企业与其潜在客户交流的重要机会。

3. 连锁介绍法

连锁介绍法是指通过熟客等介绍新客户前来购买产品及服务的方法。在现代社会中，人与人之间存在着普遍的社会交往与联系，客户的消费需求和购买动机与人群相关，同一个社交圈的人可能因为某些共同爱好具有共同的消费需求。

连锁介绍法可以请现有客户介绍，如当客户对本企业的服务满意的时候，可以让他们帮忙推荐新的客户。

4. 中介寻找法

中介寻找法是指通过电话、信函、短信、网络等方法寻找客户。这种方法有一个特点，即推销人员与客户不能面对面地交流，主要通过网络媒介进行交流与沟通。优点是方便且需要投入的资金与人力较小，缺点就是交流的可信度低，被客户拒绝的可能性极大。客户因为担心自己的个人信息会通过网络泄露，会尽可能少地与推销人员进一步交流。

（二）说服客户

说服客户在取得了客户信任的基础上，引导客户接受现状并且接受自己提出的销售方案、主动成交的过程。

说服客户成功的关键在于客户对销售人员的信任程度，销售人员对客户的了解，以及销售人员的勇气、技巧和随机应变能力。当销售人员能够给客户留下值得信任的印象，销售人员又足够了解客户，能够指出客户的需求并且给予适当的关注与满足时，就有可能说服客户购买。

卖点 FABE 话术是通过向客户陈述商品的独特卖点吸引客户，从而促成购买的过程。

F（Features）代表特征，是指产品的特性与特征，就是产品最基本的功能，以及它是如何满足客户的各种需求的。

A（Advantages）代表优点，是指要向客户证明"购买的理由"，如可以与同类产品和服务做对比，举出产品的独特优势。

B（Benefits）代表利益。这里的利益是建立在企业与客户合作的基础上的，一切从客户的利益出发，强调客户可以从中获得的价值，通过这些好处激发客户的购买欲望。

E（Evidence）代表证据，要向客户证明（包括提供产品照片、使用视频、产品功能演示、客户使用情况的反馈、品牌效应等）前面所述的内容都是事实且有证据。

> **议一议**
> 向学校新生及新生家长介绍一款校服，运用以上的 FABE 话术组织和准备材料。

（三）处理客户异议

销售人员只有恰当地处理客户的异议，才可能获得销售的成功。异议产生的原因有以下几种：

客户对产品或服务没有兴趣，客户需求没有得到满足，或者情绪处于低潮没有购买意愿；不认同产品价格；销售人员没有与客户建立良好的关系，或者销售人员的形象不佳，在销售中过分夸大产品价值，或使用不当语气，这些都有可能让客户不满。

处理客户异议的方法有以下几种。

（1）以优补劣法。当客户提出该产品有不足或者劣势的情况下，销售人员不能回避问题，更不能否定自家产品，而是要肯定客户提出的缺点，利用产品的其他优点来弥补缺点，让客户在心里获得平衡感。

（2）让步处理法。当客户对产品或服务发表不同看法时，销售人员可以先让步，承认客户的看法有一定的道理，然后再说出自己的看法。这样可以减少客户的反抗情绪，也容易被客户接受。

（3）转化意见法。销售人员在营销过程中，要学会去转化，利用客户的观点化解客户的异议。很多时候客户心里也是犹豫不决的，这既是交易的障碍，又是很好的成交机会。销售人员应该学会利用其中的积极因素去抵制消极因素。这种方法适用于客户并不十分坚持的异议，特别是客户的一些借口，但在使用此种话术时，一定要注意礼貌，不能让客户下不了台。

（4）直接否定法。直接否定法是销售人员直接否定客户异议的做法。这种做法有局限性，容易使气氛僵化，不利于客户接纳销售人员的意见，应尽量避免或少用。必须使用这种方法时，一定要让客户明白，否定的只是客户对产品的意见。表达时要尽量委婉，维护客户的自尊心。

（5）询问客户法。指委婉地询问客户的意见，通过向客户提问或是反问，让客户说出其真正的看法，找到客户异议的真实根源。使用这种方法时虽然要及时追问客户，但也要注意适可而止，不能死缠烂打、刨根问底，以免冒犯客户。

⊘ 任务实施

1. 实施内容

撰写一款产品或服务使用的体验文章，发布在"小红书"上。

2. 实施要求

结合本任务所学知识，能够通过现代网络技术分享自己使用产品或服务的经验与体验，吸引客户注意，影响客户的购买意愿。

3. 实施步骤

（1）找一款你最近使用的产品或服务，你使用后对它的印象深刻，你很愿意把你购买和使用的体验分享给别人，并且以此影响其他客户的购买意愿。请从以下方面对产品和服务进行描述。申请"小红书"账号，将撰写的文章发布在"小红书"上，了解客户查看撰写文章后的感想，收集他们的留言。

产品或服务	
购买动机	
购买渠道	
使用体验	
产品优势	

（2）在此基础上撰写实践报告，并制作 PPT 与同学进行交流。

任务评价

任务评价表

学习目标	评价项目	自我评价（30%）	组间评价（30%）	教师评价（40%）
专业知识 （30分）	掌握营销导向下的客户开发策略			
	能够利用网络技术实施营销			
专业能力 （45分）	站在客户角度，做有利于客户做出购买决定的产品使用分享			
	能与客户交流互动			
职业意识 （25分）	职业道德意识			
	劳动意识			
	服务意识			
	实践创新意识			
教师建议： 个人努力方向：		评价标准： A. 优秀（≥80分） B. 良好（70～80分） C. 基本掌握（60～70分） D. 没有掌握（<60分）		

任务小结

提高服务质量需要与时俱进，运用先进的网络技术传播产品与服务信息、分享产品与服务使用体验，有利于更多的人通过使用产品互相了解，有利于与客户建立真诚而稳定的关系。

同步测试

一、单项选择题

1. 下列（　　）不属于优质客户的特征。

    A. 能够为企业带来盈利　　　　　B. 侃侃而谈

    C. 购买能力强大　　　　　　　　D. 有意愿与企业建立长期关系

2. 下列（　　）不属于需求的特点。

    A. 复杂的统一体　　　　　　　　B. 显性与隐性的统一

    C. 需求是有限的　　　　　　　　D. 具有可引导性

3. 如果客户表现出对你推销的产品和服务没有兴趣，你可以采取（　　）措施与行为。

    A. 不再理会这个客户

    B. 批评客户

    C. 与客户建立关系，再想办法引导客户

    D. 无视客户的感受，继续推销

4. 当你与客户接触和交流时，客户表达的是"我没有需要，我一切都很好。"我们可以判断这时客户的状态是（　　）。

    A. 无需求　　　　　　　　　　　B. 需求不确定

    C. 需求半确定　　　　　　　　　D. 需求确定

5. 代表公众利益向企业提供资源，然后直接或者间接地从企业获利中收取一定比例的费用的客户，如政府、行业协会和媒体属于（　　）。

    A. 中间客户　　　B. 内部客户　　　C. 公利客户　　　D. 消费者客户

6. 以下（　　）不属于客户需求的外延需求。

    A. 品牌需求　　　B. 服务需求　　　C. 心理需求　　　D. 文化需求

7. 劣质客户可能为企业带来（　　）。

    A. 正价值　　　　B. 负价值　　　　C. 高价值　　　　D. 低价值

8. 年中促销活动一般采取（　　）定价策略。

    A. 低价策略　　　B. 高价策略　　　C. 心理定价　　　D. 招徕定价

9. 有一些客户喜欢用价格来评判产品的质量，针对这样的客户可以使用（　　）。

    A. 心理定价　　　B. 招徕定价　　　C. 低价策略　　　D. 高价策略

10. 当客户提出产品的外观包装不够精美时，应采取（　　）处理异议。

    A. 以优补劣法　　　　　　　　　B. 让步处理法

    C. 转化意见法　　　　　　　　　D. 直接否定法

二、多项选择题

1. 影响客户满意的指标有（   ）。

    A. 客户预期   B. 客户抱怨   C. 客户感知价值 D. 客户忠诚

2. 筛选经销商的依据有（   ）。

    A. 财务能力   B. 产品品种   C. 品牌实力   D. 员工数量

3. 优质客户的主要特点是（   ）。

    A. 办事牢靠   B. 为人诚实

    C. 喜欢长期稳定的合作关系   D. 付款及时

4. 在与客户建立关系的过程中，克服异议的操作步骤有（   ）。

    A. 采取积极的态度，保持积极接触的态度

    B. 认同客户的感受，不一定是赞同而是淡化冲突

    C. 了解客户反对的意见或者一时不能合作的要点

    D. 给予客户足够的信任，鼓励客户综合评价

5. 以下（   ）可以在提供产品和服务时满足客户的需求。

    A. 功能出众   B. 有吸引力的包装

    C. 人性化的服务   D. 品牌内涵

三、判断题

1. 有些客户对产品提出异议，只是为了显示"高人一等"，这时候销售人员不要理睬这样的客户。（   ）

2. 销售人员不必向客户证明"购买的理由"，可以用产品本身进行证明。（   ）

3. 销售人员在所选择的目标客户群体活动区域，对目标客户进行挨家挨户的访问，说服客户购买产品和服务的方法是逐户寻找法。（   ）

4. 销售人员在销售过程中需要给客户提供证明，包括提供产品照片、使用视频、产品功能演示、客户使用的情况反馈和品牌效应等。（   ）

5. 在使用中介寻找法寻找客户时，有一个特点是方便且需要投入的资金与人力比较小。（   ）

6. 免费服务就是企业为客户提供服务，但是不收取费用。（   ）

7. 广告是企业向客户宣传产品和服务的一种方式。（   ）

8. 定价是企业的事情，客户一般不需要太关心。（   ）

9. 通过考察客户的交易规模、对其他客户群体进行影响、客户的稳定性等，可以确定客户是否是对企业具有长远利益影响。（   ）

10. 不是所有的客户都能给企业带来收益。（   ）

11. 不是所有的购买者都是企业的目标客户。（   ）

12. 成功开发客户是为了正确选择客户。 （　　）

13. 企业评估客户价值时，还需要考虑客户的信用，将企业的经营安全放在第一位。
（　　）

14. 客户忠诚是指客户购买前对所购买的产品或服务给予的期待和希望。 （　　）

15. 客户马上要满足需求，也完全确定了自己的购买标准，而且这些购买标准不可更改，这时候客户的状态是需求半确定。 （　　）

四、简答题

1. 简述客户细分。
2. 简述营销导向下的客户开发策略。

五、案例分析题

宜家：用会员卡拴住客户的心

一次性购买大额商品的客户和经常逛店的客户，哪个更有价值？企业如何和客户建立直接联系，让客户更加了解自己？如何培养和提升客户对品牌的亲和度呢？对于这些问题，宜家是如何看待的呢？

宜家根据会员来店的频率，而不是购买金额进行奖励。在宜家看来，客户只要来，就一定会买东西。宜家相信，和那些不常逛店、只要一逛就买很多商品的客户相比，经常来店、每次不一定购买很多商品的客户更有价值。所以，宜家采取了很多鼓励措施，吸引会员经常来宜家逛逛。例如，在周一到周五，会员到宜家能够享受免费的咖啡；周一到周四，会员可以带着家里的照片图纸，来门店找宜家的设计师进行免费的家装咨询；每周面向会员开放宜家的家具装饰讲座等活动。

宜家每年都会淘汰 1/3 的旧款产品，同时推出新款产品。所以，在任何一款商品停止生产之前，宜家都会通知曾经买过，或者是曾经有过购买意图的会员。例如，曾经买过某个柜子的会员，宜家会询问是不是需要换柜门或者其他配件。否则，等停产了就只能全部换掉了。事实上，大到一系列新款，小到一套碗碟的新商品，以前购买过类似商品的会员都会收到来自宜家的温馨提示。

那么宜家得到了什么？仅仅是销售收入吗？从会员刷卡的记录中，宜家可以确切地知道某个客户所购买的商品，这样可以帮助宜家有效地推出新的产品和服务；在对客户的分类中，宜家可以知道某一类商品适合什么样的客户，也可以根据这个信息来改变门店产品的布局。

宜家洞察到一些用户对低价产品的需求，从 8000 多个产品里面挑出 200 个低价产品，并把它们做成一份产品目录，从 1～200 页，每一页的页码就是那一页产品的价格。宜家还把这份名录印在了宜家的一层层台阶上、一格格的地下停车场中。这些连续的数字秩序，让"广告"也非常的顺滑。

习惯等于购买力。让客户养成经常逛店的习惯。宜家也认为，客户只要来，就一定会买东西，常常回头的客户比偶尔来店里买大额东西的临时客户更有价值。宜家通过会员俱乐部制，养成客户逛店的习惯，让宜家成为会员生活中重要的组成部分。一个品牌经营者，如果想打造更有价值、更持久的品牌，最好的方法就是提升品牌黏度、培养核心客户，让自己的品牌成为客户在类别商品中的首选。

案例思考：

1. 宜家在客户识别上采取了什么方法？简述这些方法的好处。
2. 宜家在商品定价过程中运用了什么方法？简述宜家是如何利用定价来做广告的。
3. 宜家采取了哪些有效措施进行客户关系管理？

项目三

客户分级与维护

项目简介

本项目主要介绍客户分级管理、客户维护管理、客户信息管理等内容。

学习目标

知识目标：

○ 了解客户分级的概念。

○ 理解客户分级的类别及管理方法，理解客户维护的重要性。

○ 熟悉客户关怀的实施及评价，熟悉客户互动的步骤。

○ 掌握客户信息收集的重要性，掌握客户信息收集的渠道。

能力目标：

○ 能正确识别客户的级别。

○ 能运用所学知识对客户进行分级管理。

○ 能恰当地运用所学知识对客户信息进行分析，对客户进行有效维护与管理。

素质目标：

○ 培养学生遵纪守法的意识，使学生树立正确的从业心态，保持对客户服务工作的热忱和热爱。

○ 培养学生具有强烈的社会责任感、良好的职业道德，具有稳定的心理素质和良好的团队合作意识。

○ 弘扬劳动精神，培养学生热爱劳动的优良品德，在任务实践中感受劳动光荣，展示朝气蓬勃、奋发进取的精神风貌。

○ 弘扬奋斗精神、奉献精神，培养学生踏实刻苦、周密细致、甘于奉献的作风。

任务一　客户分级管理

🎯 任务情境

王一迪在工作中了解到，企业根据客户的消费情况进行分级，年消费总额达到 2 万元或单次消费金额达 3000 元的客户既可成为 A 类客户，并赋予相应的权益，如满减活动、生日特权、贵宾专享热线、运费免单等；而达不到标准的则为 B 类客户，享受的权益有限。王一迪对此感到困惑，并向经理请教这样做的目的。经理告诉她，企业根据客户的消费情况进行分级管理，不同级别的客户享受的权益也不一样，这么做的目的是为了更准确地识别核心客户，从而保留高忠诚度、高价值的客户。听了经理的解释，王一迪好像明白了公司这么做的目的，但如何对客户进行分级呢？这样的方法是否可以刺激到非 A 类客户的消费呢？不同级别的客户又该如何管理与服务呢？她陷入了沉思中。

❓ 思考

通过哪些信息可以进行分析并识别客户的类型呢？客户分级对企业的发展有什么样的意义与价值？

📋 知识储备

一、客户分级的概念

客户分级是指企业根据客户的不同价值和重要程度，将客户分成不同的层级，为企业进行资源分配提供依据。

👤 想一想

将客户给企业创造的价值和利润按照大小顺序"垒"起来，那么评价价值和利润大小的依据是什么？

（一）不同客户带来的价值不同

19 世纪末 20 世纪初，意大利经济学家维尔弗雷多·帕累托发现，从意大利社会的财富分配研究来看，20% 的人掌握了 80% 的社会财富，该法则被称为帕累托法则（二八法则）。对于企业而言，企业 80% 的收益来自 20% 的高贡献度的客户，即少量的客户为企业创造了大量的利润，其余 80% 的客户是微利、无利，甚至是负利润的。每个客户给企业带来的价值是不同的，企业必须找到属于自己的目标客户，避免重复无效的营销资源浪费。

（二）企业应根据客户价值分配资源

每个客户的重要性不容低估，但由于不同的客户实际为企业创造的价值不同，而企业的资源又有限，所以将企业资源平均分配到每个客户的做法，既不经济，又不切合实际。例如，大多数企业都有 VIP 制度，根据不同的等级为客户提供差异化的服务。VIP 客户能为企业带来长期固定的大额利润，对于企业的价值更大。如果为所有客户提供相同的服务既不利于刺激高价值客户的持续消费，也会在一定程度上造成企业资源的浪费，导致企业成本增加、利润降低。

（三）企业应分别满足不同价值客户的不同需求

由于每个客户为企业带来的价值不同，他们对企业的需求和预期待遇就会有差别。一般来说，为企业创造主要利润、带来较大价值的关键客户期望能得到有别于普通客户的待遇，如更贴心的产品或服务以及更优惠的条件等。企业如果能区分出这部分利润贡献较大的客户，然后为他们提供有针对性的服务，他们就有可能成为企业的忠诚客户，从而持续不断地为企业创造利润。

想一想

你身边的企业是如何实施客户分级管理的？谈谈它们的做法。

二、客户分级的类别

（一）关键客户

关键客户一般占企业客户总数的 20%，他们为企业贡献 80% 的利润，需要企业重点维护。关键客户又可以分为重要客户和次要客户。

1. 重要客户

重要客户是指可以为企业带来巨大价值的头部客户，位于客户金字塔中的最顶端。重要客户均为企业的忠诚客户，是企业客户资产中最稳定的部分。企业重要客户的数量决定了企业在市场竞争中的地位。

2. 次要客户

除重要客户以外，次要客户也会给企业带来较大的价值。次要客户对价格较为敏感，为企业创造的价值和利润也较高，但是对企业没有重要客户忠诚。他们为降低风险通常会与多家企业保持长期关系，因此需要努力争取和维护。

（二）普通客户

普通客户数量约占企业客户总数的 30%，他们为企业创造的价值仅次于关键客户，但他们的购买力、忠诚度、能够带来的价值却远远比不上关键客户，企业正常对待和维护即可。

（三）小客户

小客户位于客户金字塔中的最底层，是指除了上述两种客户外，剩下的后 50% 客户。小客户占比最大、数量最多，但购买量少，忠诚度也很低，一般只会偶尔购买。小客户可能经常出现延期支付、提出苛刻的服务要求等情况，企业一定要谨慎处理和对待，其庞大的数量对企业来说是双刃剑，因此同样要做好服务工作。

客户分级管理是要将重点放在为企业提供 80% 利润的关键客户上，努力提高他们的满意度，从而维系他们对企业的忠诚。同时，积极提升各级客户在客户金字塔中的级别，放弃劣质客户，从而使企业资源与客户价值得到有效的平衡，合理分配企业的资源。

议一议

你是否认同企业应该将重点放在为企业提供 80% 利润的关键客户上？为什么？

三、客户分级管理方法

（一）关键客户管理方法

关键客户管理在企业管理中处于重要地位。关键客户管理的成功与否，对整个企业的经营业绩起到决定性的作用，应有计划地开发和培育那些对企业的生存和发展有重要战略意义的客户。

1. 集中优势资源服务关键客户

企业可采取倾斜政策加强对关键客户的营销工作，提供"优质、优先、优惠"的个性化服务，除了为关键客户优先安排生产、提供能令其满意的产品外，还要主动提供售前、售中、售后的全过程、高规格的服务，包括定制的服务，以及针对性、个性化、一对一、精细化的服务；还可实行 VIP 制，创建 VIP 客户服务通道；甚至可以邀请关键客户参与企业产品或服务的研发、决策，从而更好地满足关键客户的需要。

同时，对于有些关键客户来说，他们并不看重优惠，而看重企业带给他们的超值服务以及品牌价值对于他们的提升，他们更需要的是表明地位和身份的独特与不同。例如，机场都会设置贵宾室，会免费提供餐食、护理服务及专用安检通道、帮办各种手续等，这些都会使关键客户觉得自己与众不同，能够享受更加丰富、舒适的服务。

2. 通过沟通和感情交流，拉近双方的关系

（1）有计划地拜访关键客户。对关键客户定期拜访，有利于熟悉关键客户的经营动态，并且能够及时发现问题和有效解决问题，有利于与关键客户搞好关系。

（2）经常征求关键客户的意见。企业经常征求关键客户的意见将有助于提升关键客户的信任度。例如，经常组织与关键客户的座谈会，听取关键客户对企业的产品、服务、营销等方面的意见和建议，以及对企业下一步的发展规划进行研讨等。为了随时了解关键客户的意见和建议，企业应适当增加与其沟通的次数和时间，并且提高沟通的有效性。

（3）及时、有效地处理关键客户的投诉或者抱怨。无论是投诉还是抱怨，都代表了客户的需求没有得到满足。处理投诉或者抱怨是企业向关键客户提供售后服务必不可少的环节之一。企业要积极建立有效的机制，优先、认真、迅速、有效及专业地处理关键客户的投诉或者抱怨。

（4）充分利用多种手段与关键客户沟通。企业要充分利用各种手段与关键客户建立快速、双向的沟通渠道，不断、主动地与关键客户进行有效沟通，真正了解他们的需求，甚至了解能影响他们的购买决策的群体的偏好。只有这样才能够拉近与关键客户的关系，增加关键客户的忠诚度，深化双方关系。

3. 成立为关键客户服务的专门机构

许多企业对关键客户比较重视，经常由高层管理者亲自出面处理与这些客户的关系，但是这样势必分散高层管理者的精力。如果企业成立一个专门服务于关键客户的机构，便可一举两得：一方面可使企业高层管理者不会因为频繁处理与关键客户的关系分散精力，而能够集中精力考虑企业的战略和重大决策；另一方面也有利于企业对关键客户的管理系统化、规范化。

> **行业动态** 客户关系管理系统
>
> 客户关系管理系统是利用软件、硬件和网络技术，为企业建立的一个客户信息收集、管理、分析和应用的信息系统。该系统以客户数据的管理为核心，记录企业在市场营销和销售过程中和客户发生的各种交互行为以及各类有关活动的状态，为企业经营提供各类数据模型，为经营分析和决策提供支持。

（二）普通客户管理方法

根据普通客户给企业创造的利润和价值，企业对于普通客户的管理主要强调提升级别和控制成本两个方面。

1. 针对有升级潜力的普通客户，努力培养其成为关键客户

针对有潜力升级为关键客户的普通客户，企业可以通过引领、创造、增加需求，来提高他们的贡献度。企业要设计鼓励普通客户消费的项目，如常客奖励计划、对一次性或累计购买达到一定标准的客户给予相应级别的奖励、抽奖活动等，以鼓励普通客户购买更多的产品或服务。

企业还可以根据普通客户的需要扩充相关的产品线，或者为普通客户提供"一条龙"服务，以充分满足他们的潜在需求。这样可以增加普通客户

的购买量，提升他们的层级，使企业进一步获利。例如，时装零售品牌 Liz Claiborne 通过扩充产品线，开发了上班服、休闲服、超大号服装及设计师服装等系列产品，有效地增加了客户的购买量，从而实现了客户层级的提升。

此外，为了使普通客户能够顺利地升级为关键客户，企业有必要主动帮助、扶持普通客户，以提高其经营管理水平，壮大实力，进而增加其需求和贡献。例如，企业可以成为普通客户的经营管理顾问，帮助他们评估机会、威胁、优势与劣势，制订现在与未来的市场发展规划，包括经营定位、网点布局、价格策略、促销策略等；同时，还可以通过培训、指导，以传、帮、带等方式帮助普通客户提高经营管理水平。

2. 针对没有升级潜力的普通客户，减少服务、降低成本

针对没有升级潜力的普通客户，企业可以采取"维持战略"，在人力、财力、物力等方面，不增加投入，甚至减少促销成本，以降低交易成本。

另外，企业还可以缩减对普通客户的服务时间、服务项目、服务内容，或是要求普通用户现款支付甚至是提前预付。

（三）小客户管理方法

1. 针对有升级潜力的小客户，要努力培养其成为普通客户甚至关键客户

企业应该给予有升级潜力的小客户更多关心和照顾，帮助其成长，挖掘其升级潜力，从而将其培养成为普通客户甚至关键客户。伴随着小客户的成长，企业利润就可以不断得到提升。

> **企业案例**
>
> ### 招商银行的大学生客户群
>
> 招商银行信用卡业务部把在校大学生作为业务推广的重点对象之一。尽管他们当前的消费能力有限，信贷消费愿望不强烈，盈利空间非常小，但招商银行还是频繁进驻大学校园进行大规模的宣传促销活动，运用各种优惠手段刺激大学生开卡，并承诺每年只要进行 6 次刷卡消费，无论金额大小，都可以免除信用卡的年费；甚至还推出了各种时尚、炫彩版本的信用卡，以赢得广大在校大学生的青睐。通过前期的开发和维护，当大学生毕业以后紧随而来的购房、购车、结婚、生子、教育等大项消费需要分期付款和超前消费时，招商银行巨大的利润空间开始显现。

2. 针对没有升级潜力的小客户，可提高服务价格、降低服务成本

针对没有升级潜力的小客户，有些企业的做法是"坚决剔除"，不再与他们联系和交易。事实上这种做法过于极端，并不可取。开发一个新客户的成本相当于维护 5 ～ 6 个老客户的成本，因此企业必须珍惜现有的每一个客户，慎重对待每一个客户。

如果企业直接、生硬地把小客户"扫地出门"或"拒之门外"，可能会引发小客户对企业的抱怨与不满，而基于其庞大的数量，这种不满一旦传播开来将直接造成企业的不良口碑，从而给企业形象造成严重的影响。

3. 坚决淘汰劣质客户

实践证明，并非所有的客户都值得保留。劣质客户吞噬、蚕食着企业的利润，与其让他们消耗企业的利润，还不如及早终止与他们的关系，压缩、减少直至终止与其业务往来，以减少利润损失，将企业的资源尽快投入到其他客户群体中。

例如，银行对信用差、没有发展前景的劣质客户采取停贷、清算等措施淘汰劣质客户。只有适时终止与没有价值、负价值客户的关系，企业才能节省有限的资源去寻找和服务于能够更好地与企业的利润、成长和定位目标相匹配的新客户和老客户。

总之，企业针对不同级别的客户采取分级管理和差异化的激励措施，可以使关键客户享受企业提供的特殊待遇，并激励他们努力保持与企业的良好关系；同时，刺激有潜力的普通客户向关键客户看齐，鞭策有潜力的小客户向普通客户甚至关键客户看齐，坚决淘汰劣质客户。只有这样，才可以使企业在成本不变的情况下，产生可观的利润增长。这就是对客户进行分级管理的理想境界。

> 🗨 议一议
>
> 什么是客户分级管理的理想境界？

企业案例 ▸

京东 PLUS 会员

京东商城是我国 B2C 市场最大的 3C 网购专业平台之一，是我国电子商务领域最受消费者欢迎和最具有影响力的电子商务网站之一。发展至今，京东商城拥有遍及全国各地的近 6 亿活跃用户，在线销售家电、数码通信、计算机、家居百货、服装服饰、母婴、图书、食品等领域数万个品牌、百万种优质商品。

京东 PLUS 会员是京东专为重要客户量身定制的优质的消费体验服务。它不仅是一个会员，而且是京东为每位会员提供的一种新的消费生活方式。客户登录京东官方网站，通过特定商品或服务即可激活成为会员。加入京东 PLUS 会员后，会员将享受到多项贴心的特权和服务，以满足会员的日常消费需求。四大会员类别让会员更轻松地获得优惠、享有礼遇，包括每日礼物、优先领券以及海量免费试用产品等，从而让会员体验特别而出色的消费服务。

京东 PLUS 会员的宗旨是为会员带来更好的消费体验，让会员更轻松有效地实现高性价比的消费，拥有更豪华的消费体验。

⊘ 任务实施

携程旅行网（以下简称"携程"）上线于 1999 年，总部设在上海。作为领先的综合性旅行服务公司，携程成功整合了高科技产业与传统旅行业，向全球会员提供集无线应用、酒店预订、机票预订、旅游度假、商旅管理及旅游资讯在内的全方位旅行服务，被誉为互联网和传统旅游无缝结合的典范。

为了更好地做好客户服务，携程将客户分为四个等级，具体包括：钻石会员，综合计算等级分 ≥ 10000，信誉记录良好；铂金会员，综合计算等级分在 3000 ~ 9999 之间，信誉记录良好；黄金会员，综合计算等级分在 300 ~ 2999 之间，信誉记录良好；普通会员，综合计算等级分 <300，注册即可得。

请结合以上信息，3 ~ 5 人为一组，合作完成以下问题探究：

（1）携程是如何进行客户分级的？

（2）携程是如何管理各级客户的？

（3）你是否有更好的建议？

✏ 任务评价

任务评价表

学习目标	评价项目	自我评价（30%）	组间评价（30%）	教师评价（40%）
专业知识（30分）	了解客户分级管理概念			
	掌握各级客户管理办法			
	掌握不同级别客户区别管理的方法			
专业能力（45分）	能运用所学知识进行客户分级管理			
	站在企业角度，运用扎实的专业知识为不同等级客户提供精准服务			

（续）

学习目标	评价项目	自我评价（30%）	组间评价（30%）	教师评价（40%）
职业意识（25分）	积极主动的交流沟通意识			
	奋斗、奉献及团队合作意识			
	劳动意识			
	服务意识			
	实践创新意识			

教师建议：	评价标准：
个人努力方向：	A. 优秀（≥80分）　　B. 良好（70～80分） C. 基本掌握（60～70分）　D. 没有掌握（<60分）

任务小结

　　客户分级管理是企业资源分配的依据，将重点资源放在为企业提供80%利润的关键客户上，为其提供优质的服务，给其特殊的礼遇和关照，努力提高其满意度，从而维系其对企业的忠诚。企业应积极提升各级客户在客户金字塔中的级别，放弃不具价值的客户，尤其是劣质客户，避免资金、人力资源的浪费，从而使企业资源与客户价值得到有效的平衡。

任务二　客户维护管理

任务情境

　　王一迪有一位客户在她这里买过几次产品，但是好长一段时间没有到店消费了。她每次发消息给客户，客户都回复说工作忙。某天，她在刷朋友圈时无意中看到这位客户的孩子过生日。结合客户平时发朋友圈的图片内容，她分析得出，客户的孩子喜欢奥特曼。于是她为孩子准备了一份礼物并拍照发给客户，并且发了一段这样文字："刚刚正好刷到您的朋友圈，原来今天是您家小帅哥的生日啊！这个时间我来不及送礼物到您家了，临时买了一套奥特曼玩具，希望您不要嫌弃，祝小帅哥生日快乐！您这几天什么时候有空，辛苦您来我店里拿一下。如果实在是忙，我过两天给您送过去，您看方便不？"不到一分钟，这位客户就回了一段表达感谢的话。过了两天，这位客户到店里拿玩具，并且还顺带消费了一番。没过几天又

❓思考

你觉得王一迪挽回了即将流失的老客户是因为什么？如果是你，你会怎么做呢？

📖议一议

你觉得可以通过什么样的方法维护客户关系呢？不同级别的客户，维护方法是否一样？为什么？

介绍了身边的朋友到店里消费。一套玩具不仅成功挽回了一位即将流失的老客户，还收获了几位新客户。

📋**知识储备**

通过客户维护，企业可以了解、分析本企业在客户关系管理中存在的问题，提出优化、维护客户关系的策略，转变、完善、构建新型的客户服务模式，提高企业客户关系管理水平，促进企业综合经营能力的提升。

一、客户关怀

客户关怀是指通过对客户行为的深入了解，主动把握客户需求，通过持续的、差异化的服务手段，为客户提供合适的产品或服务，最终实现客户满意度与忠诚度的提高。

为了提高客户满意度和忠诚度，企业必须全面地掌握客户信息，准确把握客户需求，快速响应个性化需求，提供便捷的购物通道、良好的售后服务与经常性的客户关怀。

首先，通过客户行为了解客户需求。客户需求不仅是简单靠询问客户就可以得到的，企业必须在日常工作中注意观察客户行为，主动了解客户，识别客户的真实需求。

其次，客户关怀必须长期进行，并且不断更新。客户关怀不是一项市场活动，也不是一段时间内的短期行为。企业应帮助客户明确差异化的体验标准，并成为企业日常组织习惯的一部分。

最后，客户关怀不等于营销。客户关怀并不是追求客户买一件产品或一种服务，而是首先追求客户尽可能长时间留下来。在此基础上，通过提升客户的整个生命周期价值来获益。

二、客户互动

为了在市场上给客户提供能够为其带来优异价值的产品和服务，企业需要充分利用信息的潜在内涵和各种互动技巧，努力在客户购买流程中发展与客户的合作关系。

（一）客户互动渠道

企业在与客户的互动过程中，可以利用多种渠道。按照互动渠道中是否涉及企业员工与客户的直接沟通，可以将互动渠道划分为人员互动渠道和非人员互动渠道。

1. 人员互动渠道

人员互动渠道涉及企业员工与客户之间的直接交流与沟通。这种交流与沟通可能是直接面对面交谈，也可能是借助某些工具，如电话、电子邮件及网上交谈。

（1）面对面交谈。这种方式需要员工与客户直接交流。其优势在于员工与客户可以进行面对面的交流，可以看到对方面部表情、动作等。其劣势在于成本很高，同时面谈的结果在很大程度上会受到员工及客户自身特征的影响。一般而言，这种渠道适合对一般信息或深度问题的咨询。

（2）电话。电话互动便利、迅速，能够实现实时交流。其劣势在于只传递声音信息，内容较为单一，同时无法进行深入交流，只限于一般信息的咨询和沟通。

（3）电子邮件。电子邮件的优势在于传递迅速，同时可以在邮件中发送较多的内容。因此，在向客户传递更具体、更详细的信息方面更具有效率。其劣势在于覆盖客户范围有限，它只针对互联网上的部分客户。同时，只能发送信息，无法及时得知客户是否阅读、是否打开。这样的邮件互动是无法判断效果的。

（4）网上交谈。网上交谈的优势在于可以非常快速地与客户进行交流和沟通，具有快速互动的能力，节约企业成本。劣势在于政策性内容多，个性化服务少。

2. 非人员互动渠道

非人员互动渠道是指那些不需要通过企业与客户之间的接触和反馈就可以传递信息的渠道，主要包括媒体、环境和事件。

（1）媒体。媒体主要包括报纸、杂志、广播、电视、广告牌及网络媒体等。

（2）环境。环境能够创造或者加强客户对企业的了解及印象。例如，快餐店希望为客户打造一种温馨、愉悦的环境，因此一般都喜欢采用暖色调，并且布置暖色的灯。这也是一种互动行为。

（3）事件。事件是企业为了向客户传递信息而设计的一系列活动，如新闻发布会、盛大的开幕式等。

（二）有效客户互动的影响因素

对于客户管理而言，客户与企业的互动并不只是简单的信息交换，它可以让企业与客户之间建立一定的联系，并由此实现有效的客户互动。成功的客户互动管理可以使企业获得更大的市场份额和更多的营业收入。

虽然存在众多影响客户互动有效性的因素，但不管通过何种互动渠道互动，参与互动的员工、采取的信息技术和流程都是客户互动中的三大关键因素。只有对这三大因素进行综合管理，才能实现令人满意的、感觉受到重视的客户互动。

（1）有效的员工。有效的员工衡量标准中的一个重要因素就是给企业客户服务代表授权，这有助于员工在工作中掌握客户互动的自由度。此外，非接触时间也是有效的员工一个需要考虑的要素。它是指在不与客户进行互动时，在文件处理和培训上所花费的时间。有效的员工的辞职会导致企业增加重新雇用和培训的成本。

（2）有效的信息技术。信息技术可以为企业带来竞争优势。这些技术可以让企业在客户互动中随时调整行为，使之适应客户需求，还可以让客户互动的流程和人事制度更加快捷有效。有效的信息技术衡量标准常常需要考虑以下因素：信息技术的复杂性、信息技术是否以客户为中心。企业在信息技术上投资越多、系统复杂性越高，客户与企业接触时遇到的阻碍就越大，从而会降低客户与企业互动的驱动力。管理者必须在是否对信息技术进行大量投资之前进行权衡。

（3）有效的流程。企业内部流程对客户互动的有效性有重要影响，流程的设计与实施应有效地利用互动过程中的每个要素。例如，流程设计具有感应客户态度、需求、认知变化的能力，那么企业就可以对这些改变做出反应，从而获得竞争优势。企业对变化做出反应的速度反映出流程的柔性。有效流程的衡量标准基本上都涉及入站和出站接触，其中，入站接触与互动需求相关，而出站接触则关系到销售以及与客户挽留相关的流程。

企业要对与互动相关的员工、信息技术及流程进行有效的管理和改进，目的就是通过这种管理和改进来提升互动效率，并促使它们相互产生积极的作用，最终对客户互动效果产生积极影响。

✓ 任务实施

1. 实施内容

选择一家校企合作企业展开调研，了解该企业客户关系维护的相关内容。

2. 实施要求

结合所学知识，客观、全面地介绍该企业维护客户关系的做法；分析和评价该企业维护客户关系做法的得与失；为该企业维护客户关系提出改进意见或建议，为将来从事该行业奠定基础。

3. 实施步骤

（1）全班同学自由分组，每组 3 ～ 5 人。

（2）各组明确实训任务，确定调研企业，合作制订执行方案，经老师指导通过后执行。

（3）各组对实训企业进行调查，并充分讨论，认真分析研究，运用所学知识总结该企业的成功之处和不足之处，在此基础上提出建议，并且撰写"××企业维护客户关系的调研报告"。

（4）各小组制作PPT并在课堂上进行交流，汇报后其他小组可提出问题进行互动。

（5）教师对每组报告和讨论情况即时进行点评和总结，并根据各组的实训效果给出成绩。

任务评价

任务评价表

学习目标	评价项目	自我评价（30%）	组间评价（30%）	教师评价（40%）
专业知识（30分）	理解客户维护要求及目的			
	掌握客户维护的渠道及要领			
专业能力（45分）	站在客户角度，运用所学知识完成与客户的交流			
	能根据客户的不同类型，选择恰当的交流方式，维护客户关系			
职业意识（25分）	职业道德意识			
	奋斗、奉献意识			
	劳动意识			
	服务意识			
	实践创新意识			
教师建议： 个人努力方向：	评价标准： A. 优秀（≥80分）　　　B. 良好（70～80分） C. 基本掌握（60～70分）　D. 没有掌握（<60分）			

任务小结

与客户开发相比，客户维护的成本更低、成功率更高，对于企业的成长发展至关重要。企业要始终以客户为中心，开发新客户与留住老客户并重。在进行客户维护时，要始终保持与客户的联系，及时了解需求信息；给予忠诚客户更低折扣或其他奖励，调动其积极性；通过各种渠道与客户建立稳定而亲密的联系，关注他们的需求，并努力随着市场成长和改变。

任务三　客户信息管理

◎ 任务情境

王一迪有位在外地分公司的同事，每次来总公司学习都会选择公司门口的一家餐厅用餐。王一迪很不理解，问他总吃不腻吗？同事回答说，不是因为菜肴有多美味，而是因为他不爱吃生姜，之前点菜时和服务员强调过做菜不要放生姜，结果服务员就记住了他的特殊要求。后来每次去，服务员都会问他是否还是不放姜，这点让他很惊讶。同事说这家餐厅的服务让他觉得很温馨，每次来出差，飞机还没落地，他就想到餐厅的贴心服务。这么多年过去了，尽管这家餐厅的价格涨了很多，但他还是愿意选择在这家餐厅用餐，就因为餐厅服务员能记住他不吃生姜这个事情。听了同事的话，王一迪陷入了沉思，"这不就是客户管理吗？在客户服务过程中，记住这样一个不吃生姜的小细节都能让一位客人变成忠实客户，那我在实际工作中可以怎么做呢？"

思考

客户信息可以帮助企业更精准地服务客户，那什么样的信息是有效信息呢？

📊 知识储备

信息是决策的基础，想要维护好客户关系，就必须充分掌握客户信息，就必须像了解自己的产品或服务那样了解客户，像了解库存的变化那样了解客户的变化。任何一个企业都是在特定的客户环境中经营发展的，有什么样的客户环境，就应有与之相适应的经营战略和策略。如果企业对客户的信息掌握不全、不准，判断就会失误，决策就会有偏差。如果企业无法制订出正确的经营战略，就可能失去好不容易建立起来的客户关系。所以，企业必须全面、准确、及时地掌握客户信息。

企业案例

中原油田销售公司的客户信息管理

中原油田销售公司设计了统一的"客户基本信息"表格分发给各个加油站，内容包括司机的姓名、性别、出生年月、联系电话、个人爱好、车型、车号、承运类型、车载标准、动力燃料、油箱容量、主要行车线路、经过本站的时间等，并有累计加油获奖记录。通过这些信息，中原油田销售公司建立了客户数据库，加油站每天从计算机中调出当天过生日的客户，向其赠送蛋糕等生日礼物，架起了加油站与客户之间的友谊桥梁。

一、掌握客户信息

企业要想了解客户，就要搞清楚需要掌握客户的哪些信息。对企业而言，掌握的客户信息越多，就越容易制定客户关系管理战略，但是企业无法掌握客户的所有信息，这就需要企业有选择地调查、了解主要的客户信息。这需要遵循以下两个原则。

（一）根据企业的需求界定所需信息范围

首先，不同行业对客户信息需求不同。其次，即使同一行业，不同规模的企业对客户信息需求也不相同。最后，即使是同一行业、同等规模的企业，在不同战略指引下，需要掌握的客户信息也会大相径庭。因此，企业首先需要界定自身要了解的信息。

（二）根据客户的特点确定收集信息范围

不同的客户有不同的消费习惯，企业应该根据客户的消费习惯来确定想要掌握的信息。例如，对于新客户，企业需要了解客户的年龄、职业、消费水平等信息；而对于企业的老客户，企业需要了解这些客户的购买频率、对企业的不满和抱怨等情况。

此外，企业还要根据所面临的客户的不同类型及其要求和特点来确定收集信息的方法、途径以及侧重点。

二、客户信息的内容

（一）个人客户信息

1. 基本信息

姓名、籍贯、血型、身高、体重、出生日期、性格特征、身份证号码、家庭住址、电话、传真、手机、电子邮箱及所在单位的名称、职务、单位地址等。

2. 消费情况

消费金额、消费频率、每次消费规模、消费档次、消费偏好、购买渠道与购买方式的偏好、消费高峰时点、消费低峰时点、最近一次的消费时间等。

3. 事业情况

单位名称、地点、职务、收入水平等，以及对工作的态度、长期职业目标等。

4. 家庭情况

已婚或未婚、结婚纪念日、以及配偶及子女的姓名、年龄、生日、教育程度等，还包括对婚姻的看法、对子女教育的看法等。

5. 生活情况

医疗病史、目前的健康状况、是否饮酒（种类、数量）、喜欢在何处用餐、喜欢的菜系、对生活的态度、休闲放松的方式、喜欢的运动、喜欢聊的话题、个人生活的中长期目标等。

6. 教育情况

最高学历、毕业院校、所修专业、主要课程，在校期间所获奖励、参加的社团、最喜欢的运动项目等。

7. 个性情况

曾参加过什么俱乐部或社团、目前所在的俱乐部或社团、是否热衷政治活动、宗教信仰或态度、喜欢看什么类型的书、忌讳哪些事、重视哪些事等。

（二）企业客户信息

1. 基本信息

企业的名称、地址、电话、创立时间、组织方式、资产等。

2. 客户特征

规模、服务区域、经营观念、经营方向、经营特点、企业形象、声誉等。

3. 业务状况

销售能力、销售业绩、发展潜力与优势、存在的问题及未来的对策等。

4. 交易状况

订单记录、交易条件、信用状况及出现过的信用问题、与客户的关系及合作态度、客户对企业及竞争对手的产品服务评价、客户建议与意见等。

5. 负责人信息

所有者、经营管理者、法人代表及其姓名、年龄、学历、个性、兴趣、爱好、家庭、能力、素质等。

三、收集客户信息

当企业已经明确了需要掌握客户的信息类型后，就要利用各种渠道来收集客户信息，主要有以下两种渠道。

（一）直接渠道

直接收集客户信息的渠道是指企业通过直接与客户接触来获取所需的客户信息与资料。具体来说直接收集客户信息的渠道如下。

做一做

一家主营青少年服装的电商企业，应掌握客户的哪些信息呢？为什么？

_____

_____

_____

_____

1. 在调查中获取客户信息

调查人员通过面谈、问卷调查、电话调查等方法得到第一手客户资料，也可以通过仪器观察被调查客户的行为并加以记录而获取信息。

2. 在营销活动中获取客户信息

例如，广告发布后，潜在客户或者目标客户与企业联系、剪下优惠券寄回或者参观企业展室等。一旦客户有所回应，企业就可以把他们的信息添加到客户数据库中。

3. 在服务过程中获取客户信息

为客户服务的过程也是企业深入了解客户、收集客户信息的好时机。在服务过程中，客户通常能够直接并毫无避讳地讲述自己对产品的看法和期望、对竞争对手的认识，以及其他客户的意愿和销售机会，收集到的信息量大、准确性高，这是在其他条件下较难实现的。

4. 在终端收集客户信息

终端是直接接触最终客户的前沿阵地，通过面对面地接触可以收集到客户的第一手资料。但是通过终端收集一般难度较大，因为这关系到商家的切身利益。因此，生产企业要通过激励机制，调动商家的积极性，促使商家乐意去收集。

5. 通过网络和呼叫中心收集客户信息

网络和呼叫中心是收集客户信息的新渠道。随着电子商务的开展，客户越来越多地通过网络去了解企业产品或者服务，以及完成订单操作等。因此，企业可以通过访问网站进行注册的方式，收集客户资料。此外，若客户拨打客服电话，呼叫中心可以自动将客户来电记录在计算机数据库内。另外，在客户订货时，通过询问客户的一些基本送货信息，也可以初步建立客户信息数据库，然后逐步完善补充。

（二）间接渠道

间接收集客户信息的渠道是指企业不亲自收集客户的第一手资料，而是采用间接收集的方式，一般可通过以下渠道获得。

1. 各种媒介

国内外各种权威性的报纸、杂志、图书和国内外各大通讯社、互联网、电视台发布的有关信息，这些往往都会涉及客户信息。

2. 国内外咨询公司及市场研究公司

国内外咨询公司及市场研究公司具有业务范围广、速度快、信息准确的优势，可以充分利用这些公司对指定的客户进行全面调查，从而获取客户相关信息。

3. 从已建立客户数据库的公司租用或购买

一些中小公司由于实力有限或其他因素限制，无力自己去收集客户信息，对此可通过向已建立客户数据库的公司租用或购买相应的数据来获取客户信息。

四、整理及更新客户信息

随着信息技术的发展，企业可以利用数据库来整合、管理信息，预测客户的未来行为。越来越多的企业重视建立客户数据库，随时将收集到的客户信息、意见或问题输入计算机，建立客户资料档案，之后可凭借这些资料开展回报忠诚客户的活动，以此来巩固与老客户的关系，并且吸引新客户。

（一）客户数据库归类指标

1. 最近一次消费

最近一次消费是指客户上一次购买的时间，它是维系客户的一个重要指标，可以反映客户的忠诚度。

2. 消费频率

消费频率是指客户在限定的时间内购买本企业的产品或服务的次数。

3. 消费金额

消费金额是指客户购买本企业的产品或服务所付的金额。

4. 客户每次购买的平均消费额

客户每次购买的平均消费额可以说明客户结构，从而帮助企业认清目前客户的规模以及市场是否足够大。

> **企业案例**
>
> 酒店通过数据库可以建立详细的客户档案，包括客户的消费时间、消费频率以及偏好等，如客户喜欢什么样的房型和布置、喜爱哪种品牌的香皂、饮食习惯、特殊的服务要求等。通过客户数据库，酒店可以使每一位客户都得到满意的服务，从而提高服务效率，降低服务成本。

（二）利用数据库来管理信息的主要过程

1. 客户信息筛选和分类

由于企业收集的客户信息并不一定完全准确，对于同一个问题收集的答案都有可能截然相反，并且这些信息会分散在企业各个不同的部门，这就降低了企业掌握的信息完整性。例如，关于客户抱怨的信息在售后部门，关于客户购买频率等行为方面的信息可能在销售部门。所以企业要对收集来的客户资料、信息进行筛选、分类、整理，并从中找到有价值的信息。

2. 客户信息录入

当完成信息筛选和分类后，接下来就是要将这些信息录入数据库中。在此过程中，首先要对信息进行编码，这可以使企业员工在处理信息时更加方便，也会提高数据的运算处理速率。其次要保证录入信息的准确性。

3. 客户信息分析及整理

如果企业只是简单地把客户信息录入数据库中，就不能完全发挥客户信息与数据库的作用。数据库的意义在于能够帮助企业更快、更好地分析客户信息，从中找到有价值的线索。

（三）更新客户信息

在市场竞争日趋激烈的今天，客户需求、消费行为和偏好等在不断发生变化。这就意味着企业并不能开展一次大规模收集信息的活动后就一劳永逸。如果企业不能及时更新客户信息，继续采用过时的数据来分析客户，将无法使企业准确了解客户需求。一旦企业无法准确把握客户需求，就会为产品设计、市场营销、客户沟通等环节带来严重的干扰，使企业的投入不能取得预期成效。

在更新客户信息时，企业需要注意以下几点：第一，及时更新信息。这就需要企业时刻关注客户的变化，也需要各个部门全力配合。第二，注意关键信息。由于企业资源有限，不可能每次都记录所有客户信息，并且客户信息包含很多无用的内容，各方面的变化速度也不相同。这就需要企业在更新信息时抓住关键信息。第三，及时分析信息。企业之所以要收集客户信息就是要通过自己所掌握的资料来了解客户，弄清楚客户发生了哪些变化。因此，对企业而言，及时录入新的客户信息是客户信息更新的第一步，更为关键的第二步是从科学的角度，及时分析客户信息的变化。第四，及时淘汰无用信息。更新客户信息并不只意味着在数据库中添加新的客户信息，还包括及时淘汰无用的客户信息，避免长期占用企业资源，降低数据库的利用效率。

> **行业动态**
>
> 越来越多企业通过客户数据库对客户过去的购买和习惯进行分析，如最近一次消费、消费频率、消费金额、平均消费额等，了解客户是被产品所吸引还是被服务所吸引，或是被价格所吸引，从而有根据、有针对性地开发新产品，或者向客户推荐相应的服务，或者调整产品和服务的价格。

五、确保客户信息安全

客户信息安全主要涉及企业所掌握的客户信息是否泄漏，以及在更新客户信息时有没有侵犯客户隐私。对企业来说，客户信息是重要资产，客户信息不仅可以作为企业制订客户关系管理策略的重要依据，也是企业开展客户关系营销的重要基础。客户信息泄露会使企业遭受巨大损失。因此，对企业来说，如何保护客户信息非常重要。

> **知识拓展**　《中华人民共和国个人信息保护法》
>
> 随着信息化与经济社会持续深度融合，网络已成为生产生活的新空间、经济发展的新引擎、交流合作的新纽带。目前，我国互联网用户已超过 10 亿，互联网网站超过 400 万个、应用程序数量超过 300 万个，个人信息的收集、使用更为广泛。虽然近年来我国个人信息保护力度不断加大，但在现实生活中，一些企业、机构甚至个人，从商业利益等出发，随意收集、违法获取、过度使用、非法买卖个人信息，利用个人信息侵扰人民群众生活安宁、危害人民群众生命健康和财产安全等问题仍十分突出。在信息化时代，个人信息保护已成为广大人民群众最关心最直接最现实的利益问题之一。在此背景下，我国颁布了《中华人民共和国个人信息保护法》，并于 2021 年 11 月 1 日起正式施行。

⊘ 任务实施

1. 实施内容

客户信息分析归纳。

2. 实施要求

根据本任务所学知识，依托校企合作企业客户信息数据对客户信息进行分析归纳，结合企业目前客户管理方法，提出改进意见。

3. 实施步骤

（1）全班同学自由分组，每组 3 ～ 5 人。

（2）小组通过实地走访或在线交流进行相关资料搜集、汇总，收集企业客户信息资源，思考如何运用所学知识为企业提供客户服务质量提升方案。

（3）以小组为单位制作 PPT 并进行汇报，小组互评，教师点评。

（4）全班同学开展深入交流与分享。

任务评价

任务评价表

学习目标	评价项目	自我评价（30%）	组间评价（30%）	教师评价（40%）
专业知识（30分）	了解客户信息包含的内容			
	掌握收集客户信息的方法与渠道			
专业能力（45分）	能正确根据企业发展、客户的变化及时更新维护客户信息			
职业意识（25分）	责任意识			
	奋斗、奉献及团队合作意识			
	遵纪守法意识			
	实践创新意识			
教师建议： 个人努力方向：		评价标准： A. 优秀（≥80分）　　　B. 良好（70～80分） C. 基本掌握（60～70分）　D. 没有掌握（<60分）		

任务小结

有效的客户信息收集、分析对企业的发展与决策制定有着至关重要的作用。随着信息技术的发展，企业可以通过建立客户数据库来进行数据管理，全面收集关于现有客户、潜在客户或目标客户的综合数据资料，追踪和掌握现有客户、潜在客户和目标客户的情况、需求和偏好，并且进行深入地统计、分析和数据挖掘，使客户关系维护、营销工作更有针对性。员工在接触客户信息时，要遵守职业道德，不得泄露、贩卖相关信息。

同步测试

一、单项选择题

1. 在客户关系管理中，对于客户价值的分析与评价，常用的"二八法则"指的是（　　）。

    A. VIP客户与普通客户通常呈 2:8 的比例分布

    B. 企业利润的 80% 或更高是来自 20% 的客户，80% 的客户给企业带来收益不到 20%

    C. 企业内部客户与外部客户的分布比例为 2:8

    D. 企业利润的 80% 是来自 80% 的客户，20% 的客户给企业带来 20% 的收益

2. 企业实施客户关系管理的最终目的是（　　）。

    A. 把握客户的消费动态

    B. 针对客户的个性化特征提供个性化服务，最大化客户的价值

    C. 做好客户服务工作

    D. 尽可能多地收集客户信息

3. 关键客户可分为重要客户与次要客户，其中次要客户对（　　）较为敏感，他们为降低风险会与多家企业保持长期关系。

    A. 价格　　　　B. 产品　　　　C. 服务　　　　D. 其他

4. 下面哪一项不是关键客户管理办法（　　）。

    A. 集中优势资源服务关键客户

    B. 通过沟通和情感交流，拉近双方的关系

    C. 成立为关键客户服务的专门机构

    D. 进行筛选，有针对性地减少服务、降低成本

5. 下面哪一项不是客户关怀的主要特征（　　）。

    A. 针对性　　　B. 体贴性　　　C. 单一性　　　D. 精细化

6. 以下哪个不是客户信息收集的间接渠道（　　）。

    A. 各种媒介　　　　　　　　　B. 营销活动中获取客户信息

    C. 国内外金融机构　　　　　　D. 工商行政主管部门

7. 以下哪类客户对企业的忠诚度最低（　　）。

    A. 关键客户　　　B. 重要客户　　　C. 普通客户　　　D. 小客户

8. 以下哪种客户互动的渠道比较正式，包含较多的内容，但与客户的互动性不强（　　）。

    A. 面对面交流　　B. 信函　　　　C. 电子邮件　　　D. 网站

9. 深度问题的咨询适用于以下哪种客户互动渠道（　　）。

    A. 面对面交流　　B. 信函　　　　C. 电子邮件　　　D. 网站

10. 以下是某公司针对不同级别客户确定的沟通频率,哪种适用于关键客户(　　　)。

    A. 每个月一次　　　　　　　　B. 每个季度一次

    C. 每半年一次　　　　　　　　D. 每年一次

二、多项选择题

1. 在客户信息更新时,企业要(　　　)。

    A. 及时更新信息　　　　　　　B. 注意关键信息

    C. 及时分析信息　　　　　　　D. 保留无用信息

2. 以下哪些是客户分级的目的(　　　)。

    A. 让带来价值少的客户与带来价值高的客户享受同样待遇

    B. 找到自己的目标客户,避免营销资源浪费

    C. 根据不同客户的价值分配不同的资源

    D. 满足不同价值客户的不同需求

3. 客户互动渠道包括人员互动渠道和非人员互动渠道,其中非人员互动渠道包括(　　　)。

    A. 媒体　　　　　B. 环境　　　　　C. 事件　　　　　D. 网站

4. 有效的信息技术互动,可以(　　　)。

    A. 为企业带来竞争优势的潜力　　B. 让客户互动流程更加快捷

    C. 让人事制度更加有效　　　　　D. 降低客户与企业接触的阻碍

三、判断题

1. 对于中小企业来讲,没有必要进行客户分级管理。　　　　　　　　(　　　)

2. 关键客户中的重要客户,可以为企业带来巨大价值,他们的数量决定了企业在市场竞争中的地位。　　　　　　　　　　　　　　　　　　　　　　　　　(　　　)

3. 要平等对待每一个客户,不能区别对待不同贡献的客户。　　　　　(　　　)

4. 企业要对关键客户的动向做出及时的反应,如果同时出现新的关键客户应舍弃,要保证原有关键客户的权益。　　　　　　　　　　　　　　　　　　　　(　　　)

5. 客户维护可以帮助企业了解、分析企业在客户关系管理中的问题,及时优化维护策略。　　　　　　　　　　　　　　　　　　　　　　　　　　　　　　(　　　)

6. 客户关怀是一种营销,应促使客户购买产品或服务。　　　　　　　(　　　)

7. 在和客户互动中,网站是一种新型的互动方式,它可以快速地与客户进行交流和沟通,具有快速互动的能力,节省企业成本。　　　　　　　　　　　　　　(　　　)

8. 非人员互动渠道是指不需要企业与客户之间直接沟通就可以传递信息的渠道。

    　　　　　　　　　　　　　　　　　　　　　　　　　　　　　　(　　　)

9. 客户信息是企业决策的基础,要充分掌握客户信息、维护客户关系。　(　　　)

10. 处于客户生命周期不同阶段的客户,企业了解的客户信息是相同的。　(　　　)

11. 客户自身、家庭、事业、购买产品种类等信息属于客户基本信息。　(　　　)

12. 企业利用数据库来管理信息的主要过程包括信息筛选和分类、信息录入。

                                                                （   ）

13. 客户信息对企业来说至关重要，其更新需要企业各个部门的配合。   （   ）

14. 在信息录入的过程中，要注意检查信息来源的真实性，同时也要保证录入的准确无误。   （   ）

15. 新闻发布会属于非人员互动中的事件渠道。   （   ）

四、简答题

1. 简述客户分级管理。

2. 简述客户互动渠道。

五、案例分析题

江苏某化工集团公司于近年建立了 MIS 系统（管理信息系统），其核心为财务管理局域网。公司还建立了自己的网站，除了网上信息的收集外，还可以将公司最新的动态及时在网上发布。同时，公司还会通过主要贸易网站发布求购信息、招聘信息等，这些都收到了很好的效果。

MIS 系统连接了销售部门、供应部门、仓储部门，针对企业销售、供应、库存等情况建立数据库。在数据库中，从供应商到用户都建立了完善的客户档案，工作人员可以随时查询供应商的发货、欠款、价格变化情况；还可以分析用户对产品的需求趋势，预测产品的需求量，从而调整生产计划。在系统中，可以对各种数据建立简单的历史变化曲线，使管理人员可以在曲线中发现一些规律，及时调整策略。例如，在去年下半年，公司根据纯碱销售的变化规律以及其他有利因素，果断地提高了纯碱销售价格。随后几个月内，纯碱销量不降反升，为公司带来了不小的利润。这个事实让公司更加深切地体会到信息管理为公司决策带来的好处。

在信息收集和发布方面，公司一直利用互联网进行信息的收集和发布。公司建立的网上信息收集系统，可以自动在网上收集公司需要的信息，并汇总成报告形式，反馈给公司高层领导，为公司领导决策提供参考。例如，今年年初，工作人员在网上频繁发现国际煤炭市场升温的信息，作为公司生产的主要原料，煤炭价格的上涨将直接影响生产成本。针对这一情况，在对煤炭市场进行了实地调查后，公司预先储备了足够的煤炭，避免了煤炭价格上涨给公司生产带来的影响。

案例思考：

1. 该化工集团公司通过网站，除了为客户提供方便、快捷的服务外，还从网上信息的收集中得到了什么好处？

2. 信息系统自动在网上收集公司需要的信息，反馈给公司高层领导，这对公司领导决策起到了什么作用？

客户服务内容

项目简介

本项目主要介绍服务电话客户、网络客户、线下客户的概念、内容、岗位职责，以及不同服务方式的特色与优势等内容。

学习目标

知识目标：

○ 了解电话客服的岗位职责，了解电话客服的服务技巧及要求。

○ 理解网络客服的概念，知晓网络客服的特点及岗位职责。

○ 理解线下客服的主要职责、价值及独特优势。

○ 掌握客户电话投诉的处理流程以及注意事项。

○ 掌握网络客服的服务内容与服务渠道。

能力目标：

○ 能正确理解电话客服，能复述电话客服的岗位职责。

○ 能运用恰当的语言艺术正确处理客户的电话投诉。

○ 能站在客户角度，运用扎实的专业知识和职业技能处理客户实际问题。

○ 具有为客户提供优质服务的能力。

素质目标：

○ 培养学生有效沟通、倾听他人意见的能力，具备积极向上的情感态度，助力学生全面发展。

○ 弘扬爱岗敬业、精益求精、细致认真的职业精神，培养学生分析问题、解决问题的能力。

○ 培养学生主动探究、自我管理和自我反思的能力，培养学生获取、评估和利用信息的能力，提升学生的职业技能。

任务一　服务电话客户

◎ 任务情境

公司为了提升员工的综合素质和业务能力，促进各部门之间员工的交流和学习，进一步激发员工的活力、潜力和创造力，帮助员工成长，制定了轮岗学习制度，每三个月会调整一次工作岗位。王一迪刚刚接到通知，从下个月开始，她将要进入电话客服中心工作。

王一迪虽然在学校时已经学习了一些客服方面的知识，但是对电话客服中心的工作知之甚少。因此，王一迪决定利用下班时间，先借助相关书籍及互联网，学习一下电话客服有关的岗位要求、服务技巧、职业礼仪等基本知识。

▶ 思考

电话客服的岗位职责是什么？与电话另一端的客户进行沟通时该注意什么呢？

☑ 知识储备

一、电话客服的概念

电话客服是指通过电话进行客户服务和支持的一种方式。电话客服通常由专门培训的客服代表或团队提供，以便回答客户的问题、处理投诉、提供产品或服务信息、解决问题等。通过电话客服，客户可以直接与企业或组织进行沟通，获取所需的帮助和支持。

电话客服具有快速响应和及时解决问题的优势，并且对于涉及个人隐私或复杂问题的处理也更加方便。通过电话客服，企业可以建立良好的客户关系，增强客户满意度，并提高业务效率。

二、电话客服的服务内容

（1）电话接听和呼出。客服人员负责接听客户来电并提供相应的帮助和解答，也需要主动呼叫客户以提供服务。

（2）解答问题和提供支持。客服人员在了解公司产品、服务和政策的基础上，回答客户的各种问题并向他们提供所需的支持和建议。

（3）处理投诉和纠纷。客服人员需要处理客户的投诉和纠纷，了解客户的问题并寻找解决方案，以提供满意的解决方法。

（4）记录和更新客户信息。客服人员在工作过程中需要准确记录客户的信息、问题和解决方案，以便将来查询、跟进和改善服务。

（5）转接和协调其他部门。有些问题可能需要跨部门处理，客服人员需要与其他部门协调合作，将问题准确转接给相关人员。

（6）提供产品和服务建议。客服人员可以根据客户的需求和情况，向他们提供关于产品和服务的建议，以提升客户的体验和满意度。

总的来说，电话客服的主要服务内容是通过电话为客户提供全面的支持，解答问题、处理纠纷、提供建议和保护客户权益，以确保客户满意并维护良好的客户关系。

三、电话客服的岗位职责

（1）接受客户咨询，记录客户咨询、投诉内容，按照相应流程给予客户反馈。

（2）能及时发现来电客户的需求及意见，并记录整理及汇报。

（3）为客户提供完整、准确的方案及信息，解决客户问题，提供高质量服务。

（4）良好的工作执行力，严格按规范及流程进行工作或相关操作。

（5）与同事或主管人员共享信息，进行知识积累，提供流程改善依据。

（6）一站式解决客户需求，为客户提供全套咨询和购买服务。

（7）对公司服务过程中出现的问题，及时协调相关部门予以解决，并形成有效记录。

（8）负责受理和妥善处理客户投诉，调节客户与公司之间的关系，回答客户提出的各种问题，并整理、转述客户的具体要求。

（9）对客户进行不定期的回访，通过回访了解不同客户的需求、市场反馈，发现自身工作中的不足，及时补救和调整，提高客户满意度。

> **议一议**
> 你觉得电话客服可以帮助客户解决哪些问题？

四、电话客服的服务技巧及要求

（一）电话客服的服务技巧

（1）在接听电话时，需要在电话铃响三声内接听，如果接听人不在，由距离最近的人员负责接听。

（2）拿起电话后，应致以简单的问候，如"早上好"或"您好"，语气柔和亲切，并自报单位名称或个人名称（外线电话报单位名称，内线电话报部门或岗位名称）。

（3）电话沟通时要保持合适的语速语调，声音要清晰、有力，态度要热情，一定要避免出现厌烦的神情和语调。

（4）如果需要传呼他人，需要让客户等待时，客服代表要告诉客户为什么需要等待，并且使用询问语句征得客户同意，还要给客户一个等待的期限，并不时地感谢客户的耐心等待。

（5）在结束通话时，对客户的来电表示感谢。

（6）在挂断电话时，应等客户挂断电话后，自己再轻轻放下。

（二）电话客服的服务要求

（1）声音。用温和亲切、轻松愉快、富有感染力的声音与客户交流。

（2）语气。语气亲切有礼，态度自然诚恳。

（3）音量。音量适中，不因外界环境干扰无故提高或降低音量。

（4）语调。语调平稳、柔和，不拖音，既不可装腔作势，也不可声嘶力竭，应给客户以愉悦之感。

（5）音调。音调略微上扬，体现积极向上的态度与活力。

（6）语速。语速适中，必要时与客户语速保持一致。

（7）发音。按普通话标准进行发音，做到发音标准、吐字清晰，避免含糊不清。

（8）表达。在通话过程中需适时尊称客户、正确使用规范用语、恰当使用礼貌用语，如"请您""麻烦您""谢谢您"等。

（9）态度。态度要主动热情，不可推脱责任、责怪客户，不可打断客户讲话，要从客户的角度以积极的工作态度来理解和对待客户。

（10）措辞。措辞精准恰当，语言组织有条理，思路要清晰，避免出现口头禅，确保通话过程流畅。

● 教学案例　特殊客户接待

一天，一位电话客服人员接到一位特殊客户的电话。这位客户有些语言沟通障碍："我我我……想想想问下，我我我……电……话话话费……最最近……怎么这样贵？"客服人员说："就就就……你这样，能能能……不贵吗？"上级领导知道后，直接将这位客服人员开除了。

尝试和身边的同学进行一下角色扮演：如果让你来接听这通电话，你会怎么和这位特殊的客户沟通呢？

知识拓展 电话客服与顾客沟通的规范用语示例

1. 始末语言——问候类

语言环境	规范应答语言、操作	服务禁语（不规范用语、操作）
接听开头语	应在电话铃响三声内接听电话，接听电话时请面带微笑 "您好，××公司客服中心！请问有什么可以帮到您？"	"喂！你好，这里是××公司。"
接听结束语	1. "请问您还有其他需要咨询的吗？" 2. "请您不要挂机，稍后请您对我的本次服务进行评价，谢谢！" 3. "谢谢您的来电，再见！"	未说结束语，先于客户挂机前挂断电话
回拨开头语	"您好，我们是××公司客服中心。"	1. "喂！"／"哎！" 2. "你好！"
回拨结束语	"谢谢您接听我的电话，再见！"	在客户放下电话之前收线

2. 过程语言——沟通确认类

语言环境	规范应答语言、操作	服务禁语（不规范用语、操作）
对方环境嘈杂，无法听清或信号差	1. "对不起，我听不到您的声音，您能到安静一点的地方讲吗？" 2. "对不起，您电话的信号不是很好，可以换一部电话再打过来吗？"	1. "喂，你大点声音，我听不清楚！" 2. "听不清你讲话。" 3. "不讲话就挂机吧！"
接通后无声	1. "您好，××公司客服中心。" 2. "您好！您的电话已接通，请讲话。" 3. （持续3～5秒依旧无声音）"对不起，暂时听不到您的声音，请您稍候再来电，再见！"	1. "喂？听得见吗？" 2. 直接挂断电话
错打电话	"对不起，我们这里是××公司客服中心。"	"电话不对，打错了！"
方言过重	1. "不好意思，我听不清楚，请您讲普通话好吗？" 2. "不好意思，我没有听明白，麻烦您讲慢一点好吗？"	1. "您会讲普通话吗？" 2. "我不是本地人，听不懂你说的。" 3. "你慢点讲！"
客户理解错误	"对不起，我没解释清楚，是这样……"	"不对，你理解错了。"
解答中出现口误	"对不起，我刚刚解释错了，应该是……"	回避错误，再次告知正确信息
说话快、较急躁	1. "您先别着急，请慢慢说。" 2. "您急切的心情我能理解，请您说慢点好吗？"	1. "你说那么快，听不懂！" 2. "你慢点说！"

3. 过程语言——表扬建议类

语言环境	规范应答语言、操作	服务禁语（不规范用语、操作）
提出建议	"好的，非常感谢您提出的宝贵建议，我们会将此情况向相关部门反馈落实的。"	"好吧！再见！"
来电表扬	1. "感谢您对我们工作的支持！" 2. "这是我们应该做的，感谢您对我们工作的认可！"	直接挂断电话

4. 过程语言——电话回访类

语言环境	规范应答语言、操作	服务禁语（不规范用语、操作）
回访时，客户不方便接听电话	"非常抱歉，我们稍候再与您联系好吗？您看什么时间方便？"	不做任何回应
回访时，客户不愿接受回访	"不好意思打扰您了！如果您现在不方便，我们再约个时间好吗？祝您工作愉快、生活幸福。"	"好的。"/"嗯。"/"知道了。"

5. 过程语言——处理流程告知类

语言环境	规范应答语言、操作	服务禁语（不规范用语、操作）
需客户提供个人相关资料时	"您好，您可以告诉我您的真实姓名以及身份证号码吗？以便我更好地为您提供服务。"	"你叫什么名字？"
客户的要求超出你工作权限时	"对不起，我会立即把问题反映给相关部门，我们的相关部门负责人会在24小时内主动与您联系，好吗？"（客服代表要耐心听完叙述，不可中途打断客户讲话）	"我办不到，没办法。"
无法立即答复	1. "对不起，您的问题需要接洽其他部门，麻烦您留下姓名和联系电话，有结果我会立即回电话给您，好吗？" 2. "好的，查清楚后我会尽快与您联系！"	1. "这个我也不知道、这不是我负责的。" 2. "不清楚……"/"可能……" 3. "您的问题我无法解决，找有关部门吧！"
需电话呼叫保持（静音）时	"稍后您可能听不到声音，请您不要挂线（机），好吗？"	1. 未回应客户，直接呼叫保持 2. "等一下！"
取消呼叫保持（静音）时	1. "对不起，让您久等了！" 2. "非常感谢您的耐心等候！"	没有回应客户，直接讲话
需要呼叫转接时	"不好意思，您的这个问题需要我们其他部门的负责人为您解答，我现在帮您转接，您看好吗？请稍候！"	1. 没有回应客户，直接转接 2. "等一下！"

6. 过程语言——服务抱怨类

语言环境	规范应答语言、操作	服务禁语（不规范用语、操作）
抱怨回应电话应答慢	"对不起，线路较忙，谢谢您的耐心等待，请问有什么可以帮助您？"	1. "没办法，又不是给你一个人服务。" 2. "没办法，这是电话高峰期。"
客户对服务表示不满	1. "对不起，给您添麻烦了，我们会尽快核实原因并与您联系，您看好吗？" 2. "很抱歉给您添麻烦了，请相信我们一定会尽快解决的。"	1. "那你说怎么办？" 2. 不做回应

7. 过程语言——其他情况

语言环境	规范应答语言、操作	服务禁语（不规范用语、操作）
骚扰电话	1. "对不起，我们不提供此项服务，谢谢您的来电，再见！" 2. "对不起，这已超出我们的服务范围，谢谢您的来电，再见！"	与其争论
要求客服代表提供私人联系方式时	"您有任何问题都可以随时拨打我们的服务热线电话，所有客服人员都会尽力解答您的疑问。"（态度要坚定、语气要委婉）	"不能提供给你。"

（三）电话客服服务过程中的行为禁忌

（1）与客户通话过程中打哈欠、吃东西（包括口香糖）、喝水等。

（2）在通话过程中，让客户听到查阅资料的声音。

（3）在其他同事接听电话时，大声谈话。

（4）在通话过程中，对客户直接进行负面评价。

（5）在通话过程中，态度傲慢、精神萎靡。

（6）在通话过程中，搪塞、推诿责任。

（7）在客户挂机前，便与其他同事讲话或交谈。

（8）在查询或向其他同事确认问题时，未使用"静音"键。

五、处理客户电话投诉

与正面的产品或服务相比，客户的负面投诉与反馈可以揭示更多产品或服务的不足，帮助企业更好地改进。对于客户服务人员来说，处理客户的投诉和反馈更是一次机遇和挑战。良好的客户服务，可以将不满意的客户转变为忠诚的客户，来提高客户对公司的信任度和满意度。

企业案例

把"问题"客户变为忠实客户

Z公司是一家以出售鞋子、衣服和配件等为主的在线零售商，他们一直将客户服务视为核心竞争优势之一，因此在解决客户投诉问题方面做得非常出色。Z公司建立了一个解决问题的团队，专门负责解决客户投诉问题。

一次，一位客户对产品感到不满，并且希望退货。但当客户了解到退货流程可能会有些麻烦时，他开始表现出不满情绪。Z公司的解决问题的团队成员发现这个情况后，立刻与这位客户展开对话，利用聆听技巧倾听客户问题，并在对方理解的基础上帮助解决问题。在长达一个小时的沟通后，该客户放下了心中的抵触情绪，得到了满意的解决并决定不再退货，并表示之后会继续购买相关产品。

Z公司通过建立专门的团队，积极响应并解决客户投诉问题，在这一过程中赢得了客户的信任，成功把"问题"客户变为企业的忠实客户。

（一）处理客户电话投诉的流程

第一步，接受投诉（满足需要、解决问题）。

第二步，平息怒气（正确引导、帮助宣泄、认真聆听、换位思考）。

第三步，澄清问题（耐心询问、开放式引导、封闭式总结）。

第四步，探讨解决方案（表现出愿意帮助的态度，提供不同的解决方案）。

第五步，采取行动。

第六步，感谢客户。

（二）处理客户电话投诉时的注意事项

1. 保持冷静

与投诉客户打交道时，作为一名客服人员，必须保持冷静。生气、吵架或大声喊叫并不能解决问题，反而会使情况失去控制，更加糟糕。因此，在面对不冷静的客户投诉时，要时刻提醒自己，保持冷静。

2. 友好沟通

用一种友好的口吻回应客户，以迅速缓解客户的情绪。面对生气、愤怒的投诉客户，客服人员更需要保持友好的沟通态度和口吻。在开始通话时，客服人员需要对客户的投诉表示感谢，并表明希望能帮助客户尽快解决问题，将竭力为客户提供帮助和服务。切勿激怒客户，将来电转变为争论。

3. 确认问题

客服人员听完客户打电话的原因后，需要向客户再次确认事件情况并表达对此事的重视，以消除客户的担心。同时，作为客服人员应该向客户保证，自己将尽最大努力为其提供帮助，可以通过重复客户反馈的事件来确认主要问题。这样做既可以向客户证明已经认真听取了反馈意见，又可以让客户冷静下来。

4. 表达歉意

如果客户的投诉与公司的产品或服务有关，客服人员应首先进行道歉，真诚地感谢客户提出的意见与反馈，同时表明将愿意在客户需要时提供帮助。客服人员应该将客户的投诉和意见反馈视为改善服务的机会。

5. 谨慎承诺

提供令客户满意的解决方案，是解决客户投诉、提高客户满意度的最佳方式。但是客服人员需要注意，在解决客户提出的问题时，应该谨慎向客户承诺自己不确定能够做到的事情，不能为了快速结束通话，而向客户虚假承诺。一旦当客户意识到承诺没有兑现时，会加剧愤怒，进而对企业形成不良印象。

6. 跟踪反馈

可以通过向客户发送电子邮件或打电话、发短信的方式，向客户表示企业很关注他们投诉的问题，并感谢客户的反馈。同时，询问客户是否满意现在的解决方案，以及还有没有其他的问题需要解决，进一步提高客户对企业的信任与满意度。

✓ 任务实施

1. 实施内容

假如你是一名电话客服人员，该如何轻松化解客户投诉。

2. 实施要求

阅读以下案例，分析电话客服人员在与客户交流中，哪些话术使用不当。思考如果你是该客服人员，应该如何化解这次投诉。

情景案例：

电话客服人员："喂！你好。"

客户："是这样，我的手机这两天接电话的时候经常断线……"

电话客服人员："那你是不是在地下室或电梯里，所以信号不好呀！"

客户："不是，我在大街上都断线，好多次了……"

电话客服人员："那是不是你的手机有问题？我们不可能出现这种问题！"

客户："我的手机才买了三个月，不可能出问题。"

电话客服人员："那可不一定，有的手机本身信号接收能力就差。"

客户："我和同事的是同款手机，他的手机就没有问题，不可能是手机的质量问题吧……"

电话客服人员："你的手机是在哪里买的，建议先去检验一下手机，肯定是手机的问题！"

客户："不可能！如果是手机有问题，那我用另一家运营公司的卡怎么就不断线啊？"

电话客服人员："是吗？那我就不清楚了。"

客户："那我的问题到底怎么处理啊，我的手机天天断线，你给我个说法。不能正常接听电话，电话费还正常收取，这个费用你要负责！"

电话客服人员："先生，我都告诉你了，是你的手机问题，你先去修手机吧！"

客户："你这叫什么服务态度啊，我要投诉你！"

（电话客服人员直接挂断了电话。）

3. 实施步骤

（1）全班同学自由分组，每组2～4人；小组成员分别扮演电话客服人员、客户，进行情景模拟，展示对话的全过程。

（2）开展评价活动，小组互评，教师点评，班级同学开展深入交流与分享。

任务评价

任务评价表

学习目标	评价项目	自我评价（30%）	组间评价（30%）	教师评价（40%）
专业知识 （30分）	理解电话客服岗位职责			
	掌握电话客服的服务技巧			
	掌握电话客服的基本要求			
	理解客户电话投诉的处理方法			
专业能力 （45分）	能运用恰当的语言与方法解决电话客服工作中的问题			
	站在客户角度，运用扎实的专业知识正确处理客户投诉			
职业意识 （25分）	换位思考意识			
	奋斗、奉献及团队合作意识			
	劳动意识			
	服务意识			
	实践创新意识			
教师建议： 个人努力方向：		评价标准： A. 优秀（≥80分）　　B. 良好（70～80分） C. 基本掌握（60～70分）　D. 没有掌握（<60分）		

任务小结

电话客服人员应该用耐心和关注的态度来倾听客户反馈的信息和内容，让客户感到被尊重和理解；同时，要尽量避免打断客户说话或急于提出解决方案，而是应该先了解客户的问题和事情的具体情况，保持冷静、专业和礼貌，展现积极处理问题的态度；最后与客户共同友好协商，寻求解决问题的方案。

任务二　服务网络客户

任务情境

　　随着网络贸易市场的迅猛扩张、网络客户群体迅速增长，毕业后独自创业的王一迪的张学姐开设的淘宝店铺，迎来了新的发展机遇，但同时也承受着巨大的压力。张学姐想知道面对网络上的客户，该如何更好地进行沟通，如何维护才能进一步提高客户的好评率、保持客户的忠诚度。因此，张学姐想请在行业内工作的王一迪对自己网店的客服人员进行培训，让客服人员能够更好地与网络客户进行沟通，提高店铺的订单转化率和好评率。

思考

如果你是王一迪，你认为网络客服人员的职责是什么？如何更好地服务网络客户呢？

知识储备

一、网络客服的概念

　　网络客服是指通过互联网及其衍生技术为网络客户提供咨询、售后、服务支持等服务的工作人员，主要职责包括回答客户的问题、处理客户的投诉、进行产品和服务的推荐、解决客户的技术问题和帮助客户解决使用中出现的故障等。与电话客服相比，网络客服有着更强的实时性和互动性，能够通过详细的文字说明和图文并茂的解释，在线帮助客户更好地理解产品、提供服务，获得更高的客户满意度。

议一议

你在哪些互联网平台上寻求过客户服务呢？你的体验怎样？

二、网络客服的服务内容

　　网络客服的主要工作是通过互联网平台为客户提供售前、售中、售后服务，使客户对商品和服务有一个更全面的认识，并即时解决客户的问题，提升客户的满意度，从而使其建立起对企业的信任感。在实际工作中，网络客服的工作内容一般包括以下几点。

1. 解决客户问题

　　通过互联网与客户进行即时沟通，在客户咨询产品或服务时，对相关的信息进行详细讲解，如功能特点、价格、售后服务等。

2. 调查客户反馈

　　网络客服不仅要解答客户的问题，还要记录客户的需求并建立良好的沟通反馈机制，分析汇总客户的反馈意见，便于日后的跟踪和维护。

3. 处理投诉

　　当客户遇到问题而且不满意时，网络客服需要积极寻找解决方案，并在尽可能短的时间内解决问题，以尽量减少投诉数量，降低负面影响。

4. 维护客户关系

网络客服需要通过热情、友好和专业的服务态度维护客户关系，不断向客户传递企业的诚意和关怀，将客户看作是长期合作的伙伴，并根据客户需求提供个性化服务。定期更新和维护客户数据库，并结合市场营销策略对客户进行管理，打造专业、高效且具有良好声誉的企业品牌形象。

企业案例

中国人寿：打造提升客户黏性的在线客服平台

中国人寿是一个注重客户体验和服务的企业，在其经营策略中一直将客户满意度作为核心指标之一。其凭借"安全可靠、优质高效"的服务，在行业中树立起了良好的口碑和品牌形象。为了能快速响应和解决客户的问题，中国人寿在2018年推出了在线客服系统，并搭建了全流程的电子化理赔服务平台，简化了传统理赔方式中复杂、烦琐的流程，为客户提供更加便捷的服务，提高了理赔效率和客户满意度。公司公布的数据显示，自平台上线后，客户满意度从上一年的88.4%上升到了91.6%。截至2021年年底，中国人寿在线客服平台已经为约700万客户提供了服务，平均每天解决的问题量达到了12万个。

此外，为了更好地了解用户需求和反馈，中国人寿还通过在线客服进行定期的客户跟踪调查，收集客户的意见与建议，并进行有针对性的服务改善，如提供实时监管、及时报案、有效赔付等一系列服务，进一步维护客户关系，增加客户黏性，提升品牌形象和公信力，取得了显著成果。

三、网络客服的岗位职责

（1）通过在线聊天、电子邮件、社交媒体等渠道与客户进行沟通，帮助客户解决产品或服务方面的问题。

（2）处理客户的投诉、疑问和问题，并积极寻找解决方案，确保客户的满意。

（3）在客户遇到技术问题或故障时，提供相应的技术支持和指导，帮助客户解决问题。

（4）在客户进行购买或申请售后服务时，提供相应的指导和帮助，确保客户的购物和售后体验顺利进行。

（5）通过友好和专业的沟通方式，与客户建立良好的关系，提升客户的忠诚度。

（6）收集客户的反馈和建议，并将其传达给相关部门，以帮助改进产品或服务。

四、网络客服的服务渠道

（1）电子邮件。客户通过发送邮件提出问题或建议，客服人员则通过回复邮件来处理客户的问题。这种方式可以留下正式的记录，对于一些需要长时间交流或复杂问题的解决比较适用。

（2）社交媒体。随着社交媒体的普及，越来越多的企业开始通过社交媒体平台（如小红书、抖音、微信、微博等）来进行客户服务。这种方式可以在公开的平台上向大众展示企业和客户的互动过程。

（3）电话支持。客户可以直接通过拨打企业的客服电话与客服人员交流。电话支持可以为客户提供个性化的服务，但是由于消耗大量人力资源，对企业来说较为昂贵。

（4）自助服务。企业通过提供 FAQ、知识库等帮助文档来指导客户自助解决问题。这种方式不仅能降低客服工作量，还能提高客户满意度。

知识拓展　FAQ

FAQ 即"Frequently Asked Questions"的缩写，翻译成中文是"常见问题解答"或"常见问题指南"。它是指企业或组织提前收集并整理客户的常见问题，并提供相应的答案，以便客户快速解决疑问。

通常情况下，FAQ 会列出客户常见的问题、疑惑和关注点，并尽可能做出简洁明了的回答，便于用户随时自主查询。在互联网时代，FAQ 经常作为企业网站或网络客服工作的重要组成部分，通过向用户提供实用的信息解决方案，有效提升用户体验，也有助于减轻客服人员的压力和工作负担。

总之，FAQ 是与客户保持沟通的一种方式，它可以帮助企业更好地理解客户需求，提升客户满意度，同时也为企业降低运营成本和提高效率带来一定的好处。

> **做一做**
> 调查一下你身边的同学在买衣服时会有哪些疑问，并将问题进行分类汇总，为青少年服装店的老板提供一份青少年买衣服时的 FAQ。

五、网络客服的特点

（1）实时性。网络客服与客户之间的沟通基于网络技术，可以 24 小时在线提供服务，打破时间和空间的限制，能够随时随地履行咨询、服务和支持的职责。

（2）高效性。网络客服使用在线聊天工具、电子邮件、社交媒体等多种方式与客户直接对话，以快速解答客户的问题，加速响应时间，并为客户提供更快捷的反馈；同时网络客服可以实现一对多的客户服务，提高整体服务效率。

（3）多样性。网络客服可以选择多种渠道、方式与客户进行沟通交流，如通过在线聊天工具、电子邮件、论坛等为客户提供图文影像兼具的解答，增强客户对产品的感性认识。

（4）快捷性。网络客服记录客户需求和反馈的效率较高，方便后续跟踪、处理和分析；同时，客户可以快速找到已解决的问题的保存记录，并从中获取相应信息。

正是由于网络客服的实时、高效、多样和快捷等特点，网络客服已经逐渐取代了人工客服方式，成为现代企业客服工作的重要组成部分。

六、网络客服的分类

网络客服根据服务内容和提供渠道的不同，可分为以下几类。

1. 在线咨询服务

一般是指在网站或者其他应用平台上，通过在线聊天工具、QQ 或微信等实时通信工具，对客户进行全程的咨询与服务。

2. 售前服务

帮助客户了解产品知识、性能及使用方法等相关信息，从而引导客户选择最合适的产品。

3. 售后服务

在客户购买企业的产品后，客服人员帮助处理客户在使用过程中产生的问题，如退换货、售后技术支持、维修保养等服务。

4. 投诉处理

收到客户关于质量、配送、售后维修等方面的投诉信息后，客服人员对其进行认真记录并以专业的态度和方式回复，保证客户满意，并尽力减少因此造成的商业损失。

5. 社交媒体管理

在各种社交平台（如微博、知乎、抖音等）上为客户提供相应的服务，是品牌和企业形象宣传的重要手段之一。

知识拓展 "在线客服"等于"网络客服"吗？

在一些场景下，"在线客服"和"网络客服"有时会被用来表示相同的意思，如两者都表示在线上与客户进行沟通、解答客户问题、提供帮助或售后服务的服务方式。例如，当客户在某个网站或 App 中遇到问题，可以单击"在线客服"按钮，打开一个对话框，通过文字、语音或视频来咨询客服人员。客服人员会通过对话框来回答问题、提供服务或解决问题。这种情况下的"在线客服"等于"网络客服"。

但从与客户沟通的渠道来看，它们是有所不同的。"在线客服"强调通过在线即时聊天软件或其他实时沟通工具，客户与客服人员进行在线即时互动。而"网络客服"的范围更广一些，是指所有通过互联网提供的客户服务，包括电子邮件、社交媒体、电话热线等渠道。

✓ 任务实施

1. 实施内容

为网络客服设置应答快捷语。

2. 实施要求

根据本任务所学知识，通过调查访问，了解不同人群对在线教育培训平台、线上销售平台、官方网站等不同的线上平台的咨询需求，为不同平台的在线客服设置应答快捷语。

3. 实施步骤

（1）全班同学自由分组，每组 3～5 人；小组通过调研访问、头脑风暴等方式了解不同平台中消费者的常见问题，并分析、收集、汇总这些问题，给出参考回答。

（2）以小组为单位制作 PPT 并进行汇报，小组互评，教师点评，全班同学开展深入交流与分享。

✎ 任务评价

任务评价表

学习目标	评价项目	自我评价（30%）	组间评价（30%）	教师评价（40%）
专业知识（30分）	掌握网络客服的特点			
	理解网络客服的岗位职责			
	掌握网络客服的服务内容			
专业能力（45分）	能运用恰当的方式开展网络客户服务			
	站在客户角度，运用扎实的专业知识处理客户的实际问题			
职业意识（25分）	换位思考意识			
	奋斗、奉献及团队合作意识			
	服务意识			
	实践创新意识			
教师建议： 个人努力方向：	评价标准： A. 优秀（≥80分） B. 良好（70～80分） C. 基本掌握（60～70分） D. 没有掌握（<60分）			

任务小结

网络客服作为一个通过线上渠道向用户提供服务的角色，应具备快速响应、高效沟通、高效处理问题等能力。当客户提出问题或遇到困难时，网络客服的快速回应，能够提升客户体验，让客户感受到被关注与重视，提升客户的满意度。

任务三　服务线下客户

任务情境

最近，王一迪在逛商场时发现，很多线上品牌都陆续开设了线下的体验店，例如家具品牌——源氏木语。源氏木语诞生于 2010 年，曾连续多年稳居天猫纯实木家具类目前列。虽"生于"线上，但近年来该品牌在线下也进行了非常迅猛的扩张，截至 2023 年 10 月，已在全国 190 个城市开设了 500 多家线下实体门店。企业为什么不惜增加运营成本，也要开设线下门店？线下门店会更吸引消费者购买吗？她陷入了沉思。

思考
线下客户服务的独特价值在哪里？相比电话客服和网络客服其特殊优势是什么？

知识储备

一、线下客服的概念

线下客服是指在实体门店、售后中心等线下场所提供咨询、售后、服务支持等服务，以此来满足客户在实体环境中购物、咨询等业务需求。线下客服具有亲切感、可靠性和有效性等优势，直接影响企业与客户之间的交互体验，一直是企业经营服务的重要组成部分。

议一议
你在线下购物过程中，有向服务人员咨询的习惯吗？体验怎么样？

二、线下客服的服务内容

1. 产品咨询和演示

线下客服可以向客户提供关于产品的详细信息、特点和优势，并进行实际演示或展示，帮助客户更好地了解产品。

2. 解答问题与指导

客户可以在实体店直接向客服人员提出问题或寻求指导，客服人员可以耐心回答并提供相关建议和解决方案。

3. 订单处理与售后服务

线下客服负责帮助客户完成订单处理，包括查询库存、收付账款、安排交付等。同时，还提供售后服务，如处理退货、维修、投诉等事宜。

4. 技术支持与故障解决

针对技术复杂的产品，线下客服可以提供现场技术支持，解答客户在使用过程中遇到的问题，帮助发现并解决故障。

5. 售后保障和维修服务

线下客服可以为客户提供售后保障和维修服务，包括对产品的定期维护和保养，以及处理产品质量问题的售后服务。

6. 客户关系管理

线下客服通过与客户面对面的交流，建立良好的客户关系，关注客户需求和意见，提供个性化的服务和推荐。

线下客服服务内容会因企业和行业的不同而有所差异，但总体目标是为客户提供专业、周到的支持与服务，并维护良好的客户满意度和忠诚度。

知识拓展 线下客服和门店销售的区别

线下客服和门店销售是两个不同的岗位，它们在目的、性质、服务内容、核心目标等方面存在一些差别：

（1）目的：线下客服旨在提供咨询、技术支持、售后保障等服务，帮助客户解决问题，提升使用体验。门店销售则是直接面向客户销售商品或服务，实现经济效益。

（2）性质：线下客服更加注重服务品质和客户满意度，以增强品牌形象为主要目标，并且通常由专业的客服人员来担任。门店销售的主要目的是获得销售额，通过销售最终获取商业利益。

（3）服务内容：线下客服着重于为客户提供解决方案，比如技术咨询和问题解答。门店销售则侧重于促进客户购买，例如产品推广、价格优惠和销售折扣等。

（4）核心目标：线下客服需要确保提高品牌和产品的知名度，并保持良好的口碑。门店销售的目标则是达成销售指标，并赚取更多的利润。

三、线下客服的岗位职责

1. 解答客户的问题和疑惑

这是线下客服最重要的一项工作内容，目的是帮助客户解决在购买或使用产品和服务的过程中遇到的问题或疑惑，提升客户的满意度。例如，当客户遇到产品选择、产品库存、产品使用等问题时，线下客服就可以准确、及时地解答客户的疑问。

2. 提供产品或服务的详细信息

线下客服需要了解企业的产品和服务，以及其特点和优势，能够客观、准确地向客户介绍产品或服务的信息，帮助客户明确自己的需求，从而更好地满足客户的需求和期望。例如，一位客户想购买一部新款手机，但不知道该手机的特点和优势，线下客服就需要详细介绍该手机的功能、配置、使用方法、售后服务等信息，以帮助客户做出明智的购买决策。

3. 处理投诉和问题解决

当客户对企业的产品或服务存在疑虑或不满时，线下客服需要通过耐心询问了解情况，给出合理的解决方案，快速高效地解决问题和投诉，为客户提供尽量完美的购物体验，树立良好的企业形象和口碑。例如，一位客户对某家餐饮店的菜品口感不满意，线下客服就需要听取客户的反馈，给出合理的解决方案，如免费提供一道新菜品，从而得到客户的认可和满意。

4. 帮助客户完成购买流程

线下客服需要协助客户完成购物流程，包括了解客户需求、提供产品或服务的详细信息和建议、协助客户完成下单和支付等，确保客户的购买流程顺畅，从而提升客户的购买体验和满意度。例如，客户在超市中购买商品时，由于不清楚商品价格、保质期、配方等，无法完成购买，线下客服就需要及时发现问题，并帮助客户完成购买流程，确保客户圆满完成购物。

5. 提供售后服务

售后服务是企业对客户负责的重要体现之一，线下客服需要关注客户所购买产品或服务的使用情况，及时提供服务，解决客户遇到的售后问题，从而巩固客户对企业的信任和满意度。

6. 进行客户满意度调查

线下客服定期进行客户满意度调查，以了解客户反馈和需求，优化企业的产品和服务设计，改善客户体验，从而帮助企业在市场竞争中获得更多的优势。

线下客服可以在店内进行面对面交流，这能够更直接地解决客户的问题；同时还可以面对面地了解客户的需求和反馈，提高客户对产品和服务的满意度和忠诚度。

四、线下客服的价值

在现代商业社会中，客户的购物体验是至关重要的。因此，企业需要高质量的客户服务来提升客户体验和增强品牌形象。而线下客服正是提供这种服务的重要环节，其价值可以总结为以下几点。

1. 解决问题与提供支持

线下客服可以帮助客户在购物过程中解决遇到的问题和提供支持，例如指导客户如何挑选商品、处理退换货等情况；也可以解答针对公司产品或服务的问题，为客户提供可靠的沟通渠道。

2. 增强客户体验

与良好的在线客户服务相比，线下客服更具有人性化和亲和力。线下客服通过倾听客户的需求和建议，提供个性化的服务和关注，能有效提高客户的满意度和忠诚度。

3. 建立品牌形象

线下客服表现出色，能够建立稳固品牌形象，从而提高品牌知名度和美誉度。同时，线下客服作为企业的"代言人"，能够向客户介绍企业的相关历史、文化和现有服务等内容，让客户对品牌留下更深刻的印象，增加品牌的吸引力。

4. 收集反馈信息

线下客服是企业收集客户反馈信息的重要渠道，可以通过客户的反馈来评估产品或服务的质量，为企业改善和优化业务提供重要参考依据。

5. 促进品牌忠诚

通过安排专业的线下客服团队来与客户互动，企业可以与客户建立更紧密的关系，并引导客户提升品牌忠诚度。这种忠诚度不仅能为企业带来源源不断的利润增长，同时也能为企业提供竞争优势。

知识拓展 口碑效应

口碑效应是指由于消费者在消费过程中获得了满足感、荣誉感而形成对外良好的口头宣传效应。只有客户的需求被满足了，他们才会为产品或品牌自觉地做宣传。客户的需求，一是产品，二是服务，三是附加值。

例如，某个餐厅被一些消费者推荐给他们的朋友，并且分享了餐厅的美食和良好的服务体验，他们的朋友可能会因此产生好奇心而前往尝试，如果他们也有了类似的积极评价并向更多的人分享，就可以形成一个良好口碑宣传链，吸引越来越多的人前来用餐。反之，如果有消费者对餐厅体验并不满意，并将这种看法告诉了他们的朋友，甚至在网上发布了相关评论，那么餐厅所引发的消费热情就会逐渐降低，甚至导致关店等严重后果。

除了餐饮行业，口碑效应还广泛应用于其他领域，如电商零售、旅游等。

五、线下客服的独特优势

相比于电话客服和网络客服，线下客服有着独特的优势。

（1）互动性更强。在现场接待中，客户可以与工作人员进行面对面沟通，这种沟通方式不仅可以避免沟通上的误解，还能更好地理解和满足客户的需求。

（2）信任度更高。客户亲自前往商店或者服务场所接受服务，便于与企业建立起一种更加亲近的关系。因此，客户有更大的可能产生归属感和被尊重的感觉，从而提升忠诚度。

（3）资源更加丰富。线下客服可以为客户提供更多资源，例如产品样品或手册等资料，以及实际演示或测试的机会。这些在电话客服或网络客服中是无法完美实现的。

（4）问题解决效率更高。在线下服务环境中，客户可以得到更迅速和全方位的解答，需要帮助时也可以更容易地获取相关设备或材料，从而使问题的解决更迅速。

虽然线下客服有其独特的优势，但是要想真正满足客户需求，也离不开电话客服和网络客服等多种渠道服务方式的配合。营造全方位、灵活性强、高效率的客户支持体系，始终是企业持续发展的关键所在。

盒马鲜生——玩转"线上电商＋线下门店"经营模式

盒马鲜生，作为阿里巴巴旗下的生鲜电商超市，采用"线上电商＋线下门店"的经营模式，首创了集"生鲜超市＋餐饮体验＋线上业务仓储"为一体的商业模式，实现了控货和数据获取二合一，拥有强大的竞争力。

盒马鲜生通过建立独立网上商城，进行在线网络广告营销推广，全面推动社交媒体与客户在线互动，打造了线上与线下一体化的会员营销系统，成功将线下的零售业务与互联网相结合，使互联网成为线下交易的前台，构建了从线上到线下的O2O（Online to Offline）系统。

盒马鲜生主要是利用线上推广的便捷性把相关的用户集中起来，然后把线上的流量转移到线下，主要领域集中在以美团为代表的线上团购和促销等领域。在这个过程中，存在着单向性、黏性较低等特点。平台和用户的互动较少，基本上以交易的完成为终结点。用户更多是受价格等因素驱动，购买和消费频率等也相对较低。

O2O模式能够把线上和线下的优势完美结合。通过网络导购机制，把互联网与实体店完美对接，实现互联网落地，让消费者在享受线上优惠价格的同时，又可享受线下贴心的服务。对于商家而言，O2O模式可以通过线上支付信息便捷地收集消费者的购买数据，进而进行精细化营销，更好地维护并拓展客户。对于消费者而言，O2O模式能够提供丰富、全面、及时的商家折扣信息，能够快捷筛选并订购适宜的商品或服务，且价格实惠。对服务提供商来说，O2O模式可带来大规模、高黏度的消费者，从而争取到更多的商家资源，掌握庞大的消费数据，且本地化程度较高的垂直网站借助O2O模式，还能为商家提供其他增值服务。

任务实施

1. 实施内容

消费者的服务期待调查。

2. 实施要求

根据本任务所学知识，通过街头访问的形式，了解消费者在线下购物时，印象最深刻的一次服务体验是什么，更希望能得到怎样的服务。

3. 实施步骤

（1）全班同学自由分组，每组 3 ~ 5 人；小组通过街头访问的形式，随机采访在线下商店进行购物的消费者，总结消费者印象最深刻的服务体验案例，思考作为线下客服人员应如何提升服务能力、提供更高质量的服务。

（2）以小组为单位制作PPT并进行汇报，小组互评，教师点评，全班同学开展深入交流与分享。

任务评价

任务评价表

学习目标	评价项目	自我评价（30%）	组间评价（30%）	教师评价（40%）
专业知识 （30分）	了解线下客服的主要职责			
	理解线下客服的价值及优势			
专业能力 （45分）	能总结线下客服应具备的服务能力及素质要求			
职业意识 （25分）	责任意识			
	奋斗、奉献及团队合作意识			
	服务意识			
	实践创新意识			

教师建议：
_____

个人努力方向：

评价标准：
A. 优秀（≥80分）　　　 B. 良好（70～80分）
C. 基本掌握（60～70分）　D. 没有掌握（<60分）

任务小结

在市场竞争激烈的今天，随着消费者消费观念的改变，消费者在选购商品时，不仅会关注产品本身，还更加重视产品的相关服务。因此，企业在提供物美价廉的产品的同时，还要向消费者提供完善的服务，这已成为现代企业市场竞争的新焦点。

同步测试

一、单项选择题

1. 客服人员在接待客户时，要做到用语规范、语调适中、语气平和、语言亲切，提倡讲（   ）。

    A. 双语   B. 普通话   C. 英语   D. 方言

2. 客服人员在受理业务时，注意倾听客户提出的要求和问题，了解客户所办业务的需求，（   ）接过客户递交的现金、凭证、票据，以适宜的音量复述客户所办的业务。

    A. 双手   B. 单手   C. 左手   D. 右手

3. 客服人员在接听电话时，以下不正确的做法是（   ）。

    A. 如是传言，只要记录留言人是谁即可

    B. 等对方放下电话后再轻轻放回电话

    C. 最好能告知对方自己姓名

    D. 接电话时，不使用"喂"回答

4. 通过（   ）可以了解更多服务失败的原因，发现经营管理的漏洞，及时采取改进措施，防止更多客户流失。

    A. 客户主动反馈信息   B. 客户流失分析

    C. 新客户调查   D. 发放调查问卷

5. 以下哪一项不是服务的个人特性层面的因素（   ）。

    A. 服务客户时采用的态度   B. 服务客户时采用的行为

    C. 服务客户时采用的语言   D. 服务客户的流程设计

6. 一般来说，服务一开始的时候，服务人员应多使用（   ）。

    A. 开放式问题   B. 封闭式问题

    C. 选择式问题   D. 自问自答问题

7. 当客户有失误时，应该（   ）。

    A. 直接对客户说"你搞错了"

    B. 用"我觉得这里存在误解"来间接地说明客户的错误

    C. 直接对客户说"这不是我的错"

    D. 对客户说"你怎么搞的，重新填"

8. 当客户来电要找的人正在通话时，以下做法正确的是（   ）。

    A. 告诉对方他所找的人正在接电话，并主动询问对方是留言还是等待

    B. 对方需要留言时，记录对方的留言内容、单位、姓名和联系方式

    C. 对方愿意等待时，应将听筒轻轻放下，通知被找的人接电话

    D. 以上做法都正确

9. 当客户来电找的人不在时，以下做法正确的是（   ）。

A. 应告诉对方不在的理由，如出差

B. 如对方询问，应尽量告诉他所找的人什么时间回来

C. 礼貌地询问对方的工作单位、姓名和职位

D. 以上做法都正确

10. 以下关于运用提问技巧寻找客户需求的表述不正确的是（   ）。

A. 开放式问题和封闭式问题都很有必要

B. 一般应先提一个封闭式问题，如"有什么需要我帮忙吗？"

C. 如果封闭式问题得到的回答是否定的，就应该马上重新转到开放式问题

D. 成功地运用封闭式问题，能马上把客户的需求找到

二、多项选择题

1. 以下哪些属于不良的倾听习惯（   ）。

A. 在客户说话的时候，不停玩着铅笔

B. 没有让自己的目光与客户的目光接触

C. 面无表情，客户不知你是否理解了

D. 谈话中适时地表达自己的意见

2. 服务具有以下（   ）特点。

A. 生产、传递与消费同时发生

B. 具有差异性

C. 在服务过程中，客户和企业以及客户和客户之间会相互影响

D. 可储存

3. 按照电话礼仪的要求，员工在与客户通电话时，（   ）是应当避免的。

A. 哗哗地翻纸   B. 吃东西

C. 回答身边同事的问题   D. 做电话记录

4. 在处理客户投诉时，以下表述不恰当的是（   ）。

A. "不可能，绝对不会有这种事情发生的"

B. "我绝没有说过那种话"

C. "这是我们银行的规定"

D. "我不大清楚"

5. 以下哪些属于良好的沟通习惯（   ）。

A. 在与客户沟通时，非常严肃，从不微笑

B. 注意客户的弦外之音

C. 控制自己的谈话时间

D. 适当做笔记

三、判断题

1. 在和客户沟通时，应注意不要有意打断客户，在不打断客户的前提下，适时地表达自己的意见。　　　　　　　　　　　　　　　　　　　　　　　（　　）

2. 当不能满足客户的期望时，应向客户说明理由，并对客户表示理解。　（　　）

3. 示意客户时要用手心向上五指并拢的手势，不得用单指或手心向下的手势。

　　　　　　　　　　　　　　　　　　　　　　　　　　　　　　（　　）

4. 上班时，不得穿休闲装、牛仔服、短裤、超短裙、健美裤、运动鞋、拖鞋及奇异服装。　　　　　　　　　　　　　　　　　　　　　　　　　　　　（　　）

5. 为了实行差异化服务，必须懂得正确区分客户类型，并为重要客户和普通客户提供不同的服务。　　　　　　　　　　　　　　　　　　　　　　　　　（　　）

6. 差异化服务只是硬件设施和服务内容上的区别，并非服务态度的好坏。（　　）

7. QQ 群也可以进行二次营销。　　　　　　　　　　　　　　　　　（　　）

8. 企业通过微博来开展宣传推广，是为了带来更大的销售量。　　　　（　　）

9. 在接待客户时第一句话的回复非常重要，回复的不及时会降低服务品质，影响成交率。　　　　　　　　　　　　　　　　　　　　　　　　　　　　　（　　）

10. 电话回访是最好的客户营销方式之一，但比较适合 VIP 客户，而且要注意控制次数。　　　　　　　　　　　　　　　　　　　　　　　　　　　　　（　　）

11. 通话中，如果发生掉线、中断等情况，应由接电话方重新拨打。　（　　）

12. 在与客户沟通时，复述情感就是对于客户的观点不断地给予认同。　（　　）

13. 有重要事情电话联络客户，而客户不在时，应向代接电话的人询问对方的去处和联系方式，或把自己的联系方式留下，让对方回来后回电话。　　　　　（　　）

14. 接听电话时需要认真做好记录，确认对方的单位与姓名，可以大量使用专业术语，彰显自己的服务专业度。　　　　　　　　　　　　　　　　　　　（　　）

15. 客服人员妥善处理客户投诉可以提高客户满意度与忠诚度，为企业树立良好的品牌形象。　　　　　　　　　　　　　　　　　　　　　　　　　　　　（　　）

四、简答题

1. 简述客户电话投诉的处理流程以及注意事项。

2. 简述网络客服的服务内容。

项目五

客户服务技巧

项目简介

本项目主要介绍客户服务技巧，包括接待客户的技巧、留住客户的技巧、处理客户投诉的技巧、挽回流失客户的技巧等内容。

学习目标

知识目标：

○ 了解接待客户准备工作、迎接客户的技巧及与客户沟通过程中的技巧。

○ 了解客户投诉的原因及诉求，了解客户流失的原因。

○ 理解客户是企业利润的来源、客户满意是客户忠诚的前提和基础。

○ 掌握接待客户、回应客户咨询、处理客户投诉、挽回客户及培育忠诚客户的技巧。

能力目标：

○ 能做好客户接待的准备工作，正确运用语言技巧、倾听技巧完成客户接待服务。

○ 能在接待客户的过程中理解客户、帮助客户、留住客户。

○ 能遵循原则和流程，运用技巧正确处理客户投诉。

○ 能分析客户流失的原因，运用技巧挽回流失客户并培育忠诚客户。

素质目标：

○ 树立正确的服务意识，形成真诚、冷静、个性化的服务风格。

○ 引导学生敢于创新、勇于实践，建立良好的沟通习惯，营造和谐的沟通氛围。

○ 培养学生敢于担当、积极进取的工作态度，使学生树立正确的从业心态，保持对客户服务工作的热忱和热爱。

○ 培养学生具有强烈的社会责任感、良好的职业道德，具有稳定的心理素质和良好的团队合作意识。

任务一　接待客户的技巧

◎ 任务情境

经过一段时间的适应，王一迪已熟悉电商客服的岗位工作，初步掌握了客户识别与开发流程，能够运用信息化手段对客户进行初步的分级管理，工作的主要内容为服务电话客户及网络客户。最近在工作中总会出现一些棘手的问题，她发现工作中有的客户咨询完了就不再与她联系，有的客户因为这样那样的不满，气势汹汹来投诉，还有的老客户慢慢转向企业的竞争对手——这到底是怎么了？应如何做好客户接待工作？如何让客户留下来？如何正确处理客户投诉？如何挽回流失客户、培育忠诚客户？她陷入了沉思中。

◎ 知识储备

客户接待一般包括售前的专业信息咨询与服务，售中、售后的进度查询与问题处理。接待环节是客户接触企业的开端，将直接影响交易是否能达成，因而要求客户服务人员做好接待前的准备工作，了解客户的需求，具备较高沟通的能力。沟通能力对能否化解客户疑问与异议并促成交易有直接影响。

一、接待客户的准备

客户对服务的感知，就是觉得服务好或不好，在很大程度上取决于一开始接待服务的质量。客户在接受某项基本服务时，最基本的要求就是客户服务人员能关注他的直接需求，能受到热情的接待；在不需要接待时，客户就不希望客户服务人员去打扰他。客户服务人员要想在接待客户的过程中呈现良好的服务技巧，就必须做好充分的准备工作。具体来说，客户服务人员在接待客户之前应做好以下两个方面的工作。

1. 精准预测客户的需求

客户服务人员在接待客户之前，应先预测客户可能有哪些方面的需

? 思考

客户服务需要技巧吗？客户服务人员需要具备哪些技巧才能更好地为客户提供优质服务？

求，再分别进行准备。一般来说，客户的需求主要有以下几种。

第一，信息需求。信息需求实际上是客户需要得到帮助。例如，你去网店购物，你需要了解该网店有哪些商品、经营的品牌、发货及收货时间、价格等，这些都称为信息需求。

第二，环境需求。例如，在天气很热时，客户希望接待室里很凉爽；如果服务需要等候很长时间，客户可能会需要一些书籍杂志。这些都叫作客户对环境的需求。

第三，情感需求。客户都有被赞赏、同情、尊重等各方面的情感需求，客户服务人员需要去理解客户的这些情感。如果客户说："你看，这么大热的天，到你们这儿来，我骑车已骑了半个小时，浑身都湿透了。"如果你能跟客户说："辛苦您了，我给您倒一杯水吧！"那么客户听了心里相对来说就会感到舒服很多。这些就叫作情感需求。

2. 做好满足客户需求的准备

客户服务人员在认识到客户的三种需求以后，就应该根据客户的这些需求做好相应的准备工作。如果每个客户服务人员能根据本行业的特点做好这些准备工作，当真正面对客户的时候就能为客户提供满意的服务。

二、迎接客户的技巧

客户服务人员在做好充分的准备工作后，下一步的工作就是迎接客户。客户服务人员在迎接客户时要做好以下几个方面的工作。

1. 职业化的第一印象

对客户服务人员来说，最好让客户一眼看到你，就能很快地判断出你的职业，甚至你的职业水平。职业化不只是外表，比如职业形象、商务礼仪等，其本质在于优秀的服务意识，能善待和尊重客户。

2. 欢迎的态度

欢迎的态度对客户来说是非常重要的，客户服务人员在一开始时以怎样的态度去接待客户，将影响整个服务的成败。所以，对于客户服务人员来说，在欢迎客户时，一定要时常发自内心地展现微笑，要以一种欢迎的态度对待客户。

3. 关注客户的需求

关注客户的需求，就是要关注客户的信息需求、环境需求和情感需求。

4. 引人入胜的开场白

要引起客户的注意，引发客户的兴趣，适时地开始谈话是成功的前提条件。一次积极的谈话开端可以分为三个阶段。

（1）打招呼并建立联系。通过友好的问候来打招呼，并与对方建立联系，如"嗨，您好！很高兴见到您！"。

（2）寻找共同话题和兴趣。可以尝试提及当前的热门话题、共同的爱好或者对方可能感兴趣的事物。例如："我听说您对旅行很感兴趣，有什么推荐的目的地吗？"

（3）表达兴趣和倾听。确保给对方足够的空间来分享他们的想法和感受，积极地倾听并做出回应。例如："您最近在做些什么有趣的事情？"然后认真倾听他们的回答。

这三个阶段可以建立良好的谈话氛围，使对话更加轻松和有趣。记住，积极的态度和真诚的关注对于建立良好的谈话氛围非常重要。

知识拓展

一次，某客户去宾馆的时候，手里拿着一个大包、一个小包。小包里面装的都是图书，很沉。他进入宾馆的时候，迎宾人员帮他把门打开之后便对他说："先生，我可以帮您吗？"同时伸出手来，接过他的小包。因为迎宾人员看到他提小包的那只手看起来很吃力。这说明迎宾人员本身对客户的需求很关注，很细心地发现了客户的需求，然后去满足客户的需求。

5. 以客户为中心

客户服务人员应该以客户为中心，时刻围绕客户，以满足客户需求、解答客户疑问为第一要务，从而让客户满意。

三、接待客户过程中的沟通技巧

客户服务人员代表企业与客户进行沟通，有效的沟通能增进双方的了解、认同和情感，促进双方关系的发展。为了尽量发挥客户沟通的正面作用，规避负面影响，客户服务人员在与客户沟通中需要遵循一定的策略，掌握相应的技巧。

1. 诚意先行

客户服务人员在与客户沟通时，应首先向客户表明自己的诚意。表现诚意的方式有很多，例如，客户服务人员在首次拜访客户时可以请高层领导出面，体现对客户的重视；在进行产品介绍和推介时，应该保持良好的职业装束和精神风貌，给客户留下专业、靠谱的印象。

2. 换位思考

客户服务人员应该站在客户的立场思考问题，充分考虑客户的感受和利益。换位思考是一项非常重要的沟通技能，客户服务人员只有从客户的角度出发，才能更有效、准确地理解客户的诉求。同时，换位思考也能够帮助客户服务人员拉近与客户的心理距离，降低客户的防备心理，使沟通更有效。

3. 善于倾听

客户服务人员应善于倾听并鼓励客户发表意见和提出建议，在沟通中了解客户的真实想法，判断其需求，从而有针对性地为其提供产品或服务。例如，客户服务人员在为客户介绍产品时，若客户不断挑一些小毛病，并不一定意味着客户对产品不满意，很可能是客户对产品有一定的兴趣，希望通过"挑毛病"获得一定的优惠。此时，客户服务人员不能轻易地否定客户的购买想法，要对自己的产品有信心，要向客户诚恳地介绍产品的优势。

4. 积极回应

沟通是双向的，客户服务人员要适时地表达自己的观点，适当地给客户一些积极的回应。这不仅可以让客户感到被重视，还有利于营造良好的沟通氛围，有利于促使客户进行更多的表达，使客户服务人员获得更多有效的信息，以便为客户提供更优质贴心的服务。

5. 尊重客户

客户对企业、产品的认知和态度在很大程度上取决于自己受尊重的程度。客户服务人员只有出于对客户的信任和尊重，真诚地视客户为朋友，给予客户可靠的关怀和贴心的帮助，才可能赢得客户的认可。

6. 理性、礼貌沟通

礼貌的言辞可以帮助企业树立良好的服务形象，有助于提升客户对客服服务的体验。如果客户在沟通中说出一些偏激、片面、情绪化甚至"不可理喻"的话语，或者在言语中表现出对企业产品的偏见或成见，客户服务人员不可被负面情绪所影响，应保持理性，在表现出对客户共情的同时，引导其回到理性沟通的轨道上来。

7. 耐心交流

客户，尤其是初次交易的客户，出于对企业、品牌、产品或服务的陌生，以及抵触、怀疑和担心的心理，可能会在交流中出现问题多、反复问、明知故问、迟迟不下决定、不正面回答问题等情况。客户服务人员应该知晓并理解客户的这种心理，耐心解答对方的疑惑，等待对方的回答，用自己的语言打消客户的顾虑，使其建立起对企业产品或服务的信任。

知识拓展 客户服务过程中的"四项准则"

在为客户提供服务的过程中,客户服务人员应主动向客户表示出关心、同情、理解并伴有相关行动。

(1)关心:定期、定时与现有客户保持联系,向他们提供客户关怀,了解产品及服务的不足,听取客户的意见,以完善产品和服务。

(2)同情:对于客户提出的问题,客户服务人员具有责任感和使命感,同情客户的感受。

(3)理解:在遇到客户抱怨或投诉时,客户服务人员应该认同其感受并设身处地从客户角度考虑问题,理解客户,帮助客户。

(4)行动:收到客户反馈后,客户服务人员应及时帮助客户解决问题或改进自己的不足。

● 教学案例 做服务工作,个性勿扬

某日,药店营业员张丽当班(张丽今年刚毕业,上班还不到一个月)。她将头发染成了金色,还涂了深色的眼影,不时兴奋地问其他店员自己是否漂亮。她一走近,身上一股浓浓的香水味让人不由得捂住鼻子。这时一位捂着鼻子打喷嚏的老奶奶走了进来。

张丽(热情地说):"老奶奶,有什么不舒服吗?是不是感冒了?"

老奶奶(一边转身打喷嚏一边说):"姑娘,你身上的味道太重了,这让我的鼻子更不舒服了。"说完就朝门口走去了。

> **? 思考**
>
> 如果你是店长,你将如何引导这样的新员工认识自己的问题?请运用相关知识和经验以对话的形式描述接待客户的过程。

任务实施

1. 实施内容

线上、线下客户接待。

2. 实施要求

假如你是客户服务人员,选择线上或线下方式进行客户接待训练,强化训练客户服务人员在接待客户时如何做好准备工作,在回应客户咨询时应如何运用沟通技巧。

3. 实施步骤

(1)全班同学自由分组,每组 3 ~ 5 人;自行选择线上或线下客户接待形式。

（2）以小组为单位进行客户接待情景模拟，小组互评，教师点评，全班同学开展交流分享。

任务评价

任务评价表

学习目标	评价项目	自我评价（30%）	组间评价（30%）	教师评价（40%）
专业知识 （30分）	了解客户接待的准备工作			
	掌握客户需求预测的技能，做好客户需求预测的准备工作			
	在接待工作中掌握沟通技巧			
专业能力 （45分）	能够做好客户接待的准备工作			
	正确完成客户接待工作，为留住客户奠定基础			
	具有为客户提供优质服务的能力			
职业意识 （25分）	责任意识			
	团队合作意识			
	服务意识			
	实践创新意识			
教师建议： 个人努力方向：	评价标准： A. 优秀（≥80分）　　B. 良好（70～80分） C. 基本掌握（60～70分）D. 没有掌握（<60分）			

任务小结

服务质量体现在服务的整个过程中，这个过程是服务接触过程，一般分为四步：接待客户、理解客户、帮助客户和留住客户。客户服务中很关键的一点是要关注服务接触的全过程，在这个过程中，每一个阶段都有一些非常重要的技巧，可以帮助客服人员做到以客户为中心。

任务二　留住客户的技巧

任务情境

通过接待客户技巧的学习与培训，王一迪了解了如何礼貌、积极、主

思考

客户服务人员如何让客户持续关注企业、保持热情？客户服务人员应如何留住客户？

动地进行客户接待工作。随着向她咨询的客户越来越多，咨询的问题也越来越复杂，她有时候手忙脚乱，不能及时回应客户，并且有些问题她也不太明白，回答不够专业。这几天正好公司有个促销活动，令她感到奇怪的是，之前积累的有些客户竟然对促销活动不感兴趣，这到底是为什么呢？作为客户服务人员，她该如何留住客户呢？

📊 知识储备

客户服务人员接待客户后要注意感知客户的需求与期望，以便提供有针对性的服务。了解了客户的期望后，就可以提供相应的服务了。但是有些期望可以满足，有些期望难以满足，客户服务人员如何满足或降低客户的期望值，最终与客户达成协议，从而留住客户呢？

一、理解客户的技巧

理解客户就是了解客户有什么样的需求、客户希望客户服务人员为他做什么，这是客户服务人员能成功帮助客户的一个前提。具体来说，想要做到理解客户，客户服务人员需要具备三大技巧，那就是倾听、提问和复述。

1. 倾听的技巧

倾听是一种情感活动，不仅通过耳朵听，还需要通过面部表情、肢体语言等来回应对方，传递给对方一种你很想听他说话的感觉。因此，倾听是一种情感活动，客户服务人员在倾听时应该给予客户充分的尊重、情感关注和积极回应。

倾听不但要听清楚别人在说什么，还要给予别人反馈。在倾听时客户服务人员要注意以下两点：第一，听事实。倾听事实意味着需要能听清楚对方说什么。要做到这一点，就要求客户服务人员必须认真、细致。第二，听情感。与听事实相比，更重要的是听情感。客户服务人员在听清对方说的事实时，还应该考虑客户的感受是什么、需不需要给予回应。

知识拓展 既听事实，又重情感

A 对 B 说："我昨天看中一套房子，决定把它买下来。"B 说："哦，是吗？在哪儿呢？恭喜你呀！"A 看中了房子，想买下来，这是一个事实，B 问房子在哪里，这是对事实的关注，"恭喜你"就是对 A 的情感关注。

A 把事实告诉 B，是因为他希望 B 与他共同分享他的喜悦和快乐，而作为 B，应对这种情感加以肯定。

对于客户服务人员而言，要善于运用倾听的技巧，加之面部表情、肢体语言等，给予客户恰当的回应。例如，客户服务人员对客户说："现在您就是这方面的专家，您真的是很内行。"这就是对客户的一种情感关注。在这种关注之前，客户服务人员在听到客户谈话时应该分辨出哪些是事实的部分、哪些是情感的部分。

良好的倾听离不开倾听技巧的使用。

（1）永远都不要打断客户的谈话。无意识地打断客户的谈话是可以理解的，但也应该尽量避免；有意识地打断客户的谈话，对于客户来说是非常不礼貌的。

（2）清楚地听出对方的谈话重点。能清楚地听出对方的谈话重点是一种能力，特别是在客户情绪不佳或不满的情况下，能找到谈话重点就显得尤为重要了。除了排除外界的干扰、专心致志地倾听以外，还要排除对方的说话方式带来的干扰，不要只把注意力放在说话人的咬舌、地方口音、语法错误或一些习惯用语上。

（3）适时地表达自己的意见。在不打断对方谈话的前提下，应适时地表达自己的意见，让对方感受到你始终都在注意地听，而且听明白了。还有一个作用就是可以避免你走神或疲惫。

（4）肯定对方的谈话价值。在谈话中要用心地去寻找对方所说内容的价值，并加以积极地肯定和赞美，这是获得对方好感的一大绝招。比如对方说："我们现在确实比较忙。"你可以回答："您负责这么多业务内容，肯定很辛苦。"

（5）配合恰当的表情和肢体语言。在进行交谈和倾听时，还要配合恰当的表情和肢体语言给予对方反馈。但要牢记切不可过度地卖弄，如过于丰富且夸张的面部表情、手舞足蹈、拍大腿、拍桌子等。

（6）避免虚假的反应。在对方没有表达完自己的意见和观点之前，不要做出比如"好！我知道了！""我明白了！""我清楚了！"等反应。这样空洞的答复只会阻止你去认真倾听对方的讲话或阻止了对方进一步解释。

2. 提问的技巧

在理解客户的过程中，只善于倾听是远远不够的，还必须适当地向客户提出问题，以真正了解客户的需求。

（1）开放式问题的使用技巧。开放式问题就是让客户比较自由地把自己的观点讲出来。这种提问方式可以帮助客户服务人员去了解一些情况和事实。比如，当你去医院看病时，医生问你哪里不舒服，这就是一个开放式的问题。开放式的问题可以帮助客户服务人员了解客户的需求，了解问题出在哪里。

（2）封闭式问题的使用技巧。封闭式问题的使用是为了帮助客户进行判断，客户面对问题时只需要回答"是"或者"不是"。封闭式的提问需要客户服务人员本身拥有很丰富的专业知识。

● 教学案例　巧用封闭式问题解决难题

　　小王最近感觉到车的发动机在怠速时会"当当当"地，就把车开到了修理厂。一个小伙子接待了他，问他车怎么了。小王就说发动机有问题了，"当当当"地响。小伙子接着又问："哪儿响？"小王就说不清具体位置了。"那从什么时候开始的？"小王说大概一星期了。

　　小伙子在车上东看看、西看看，也找不到问题究竟出在哪里。过一会，他把师傅找来了，老师傅过来以后，提问的方式转变了，第一个问题是："发动机的机油换没换？"小王说："好像是一个月之前换的。"接着老师傅又问："这两天是不是经常启动后然后不走？"小王回答："有这种情况。"然后老师傅又问："化油器清洗过吗？"小王说："前段时间洗的。"这时老师傅说："可能毛病出在化油器上。"一看果然如此，化油器堵住了。

　　小伙子提出的一些开放式的问题没有起到作用，老师傅一用封闭式的问题提问，就马上找到了汽车"当当当"响的原因所在。这就说明老师傅有很丰富的专业知识和非常准确的判断力。

3. 复述的技巧

复述包括两个方面：复述事实和复述情感。这与倾听的内容是相同的，因为复述就是把你所听到的内容重新叙述出来。

（1）复述事实。

复述事实有以下作用：①分清责任。客户服务人员通过复述，向客户进行确认，印证所听到的内容。如果客户没有提出异议，那么再有问题，责任就不在客户服务人员身上了。②提醒作用。当客户服务人员重复后，可以问问客户还有没有什么要补充的。如果客户说没有了，就可以进入解决问题的阶段了。③体现职业素养。对事实的复述不仅能体现出客户服务人员的专业水平，还让客户感觉到对方是在为自己服务，拉进双方关系，满足客户的情感需求。

（2）复述情感。复述情感就是对客户的观点给予认同，比如"您说的有道理""我理解您的心情""我知道您很着急""您说的很对"等，这些都叫作情感复述。在复述的过程中，复述情感的技巧是最重要的，使用时也非常复杂。

二、帮助客户的技巧

1. 提供信息和选择

（1）客户需要更多的信息和选择。如果客户服务人员能有几套方案来供客户从中自由地选择，就算这些方案客户都不喜欢，客户也会觉得你确实已经竭尽全力了，也就会从中选择一个比较适合自己的方案。所以更多的信息和选择是客户需要的。

（2）更多的信息和选择等于增值服务。当客户已经认识到他的期望值本身就不合理时，客户服务人员为客户提供更多的信息和选择就等于增值服务。

> **练一练**
>
> ### 如何为客户提供增值服务？
>
> 小王在某网上商城购物，正准备下单，这时他问客户服务人员能不能打折。客户服务人员告诉他："对不起，我们这里不能打折。"小王说："我经常在你们这里购物，怎么不能打折呢？你去帮我申请一下。"客户服务人员过一会回复他说："真对不起，不能打折。"因为信赖，也为节约时间，小王下单了，但是心里觉得有点儿不舒服。
>
> 请问，如果你是该网上商城的客户服务人员，会采用什么方式为客户提供增值服务，让小王开心下单呢？

2. 设定客户期望值

客户服务人员要了解客户的期望值，了解客户期望值的产生和变化。客户服务人员了解了客户的不同期望值后，就应该学习另外一个重要技巧，即如何有效地设定客户最有可能实现的、比较现实的期望值。

（1）设定期望值的目的。如果客户服务人员为客户设定的期望值和客户所要求的期望值之间差距较大，就算运用再多的技巧，恐怕客户也不会接受。因此，设定客户期望值就是为了能够与客户达成协议，这个协议应该建立在双赢的基础上。

（2）降低期望值的方法。客户服务人员通过提问了解客户的期望值，对客户的期望值进行有效的排序，当发现客户的某些要求是你完全无法满足的时，只能告诉客户，就你能提供的期望值对于客户而言实际上是真正重要的，这样客户才有可能放弃其他的期望值。

三、留住客户的技巧

在整个服务过程中，客户服务人员先后经历了接待、理解、帮助客户的三个阶段，剩下最后一个阶段就是如何留住客户。

1. 不让客户为难

一名职业化的客户服务人员，在结束一次服务之后会这样和客户说："您看还有什么需要我为您做的吗？"这句话一说出，意味着服务即将结束。不应该很直白地提问客户是否对这次服务满意，因为直白地提问，客户会顾及服务人员的面子等因素而不会说出真实的感受。

2. 向客户表示感谢

作为客户服务人员，要对客户表示感谢，可以说"感谢您对我们企业的信任""感谢您对我们企业长期的支持""谢谢您的光临"等，也可以说"感谢您在整个项目中对我个人的支持"等。这一点对客户服务人员来说，必须做到，因为这也是客户所需要的。如果面对的是客户的投诉，就要先表示歉意。

3. 与客户保持联系

客户服务人员应能够为客户提供非常完善的后续服务，能根据客户的不同期望值进行定期回访，定期进行新产品的推介，从而够创造持续不断的利润和价值。对于企业而言，与客户保持联系，尤其是为老客户提供优质的服务是非常重要的。

● **教学案例**

> 保险行业的员工流失率非常高，因此经常出现一些"孤儿保单"，即保单的签单代理人已经离职。保险提倡的是一对一服务，每一位办理了保险的客户都有一位专门的业务员来负责。那么业务员离职后，这位客户依然需要有人员进行管理，因此保险公司会进行"孤儿保单"的托管工作。这种托管工作就是当任何一位业务员离职以后，其负责的保单就会转到客户服务中心，由客服人员管理。客服人员还应打电话告知客户："对不起，先生/女士，以前负责您的保单的业务人员现在离职了，现在您的保单由我来管理，您以后有任何问题，都可以打电话给我，我的名字叫×××，我的电话是×××，我很乐意为您提供服务。"这样才能留住客户，为客户提供满意的服务。

◎ **任务实施**

1. 实施内容

假如你是一名电商客户服务人员，请运用所学知识想方设法留住客户。

2. 实施要求

小张近日想从网上购买一台空调，他对比了好几个商城，依然犹豫不决，于是决定就自己关心的问题一一咨询各商城客服人员。如果你是某商城的网络客服，面对小张的咨询，你将如何运用所学专业知识，让小张顺利地从你所在的商城完成购买，并拥有愉悦的购物体验呢？请根据以下步骤完成操作训练。

3. 实施步骤

（1）全班同学自由分组，每组 3～5 人；小组成员根据上述要求，列出关键话术和具体的运用技巧，制作 PPT 进行汇报。

操 作 步 骤	关 键 话 术	技 巧 运 用
理解客户的期望		
提供信息帮助客户		
运用技巧说服客户		
促成交易留住客户		

（2）进行情景剧表演，小组成员分别扮演小张、网络客服人员，必要时可安排商家负责人等角色，展示问题解决的全过程。

（3）开展评价活动，小组互评，教师点评，班级同学开展深入交流与分享。

✎ 任务评价

任务评价表

学 习 目 标	评 价 项 目	自我评价（30%）	组间评价（30%）	教师评价（40%）
专业知识 （30分）	掌握听、问、复述的技巧，理解客户			
	利用信息管理及专业知识为客户提供帮助			
	在说服客户的过程中促成交易			
专业能力 （45分）	能够理解客户、帮助客户			
	能够运用说服客户的技巧促成交易			
	能运用沟通话术及技巧留住客户			
职业意识 （25分）	责任意识			
	团队合作意识			
	服务意识			
	实践创新意识			
教师建议： 个人努力方向：		评价标准： A. 优秀（≥80分）　　　B. 良好（70～80分） C. 基本掌握（60～70分）　D. 没有掌握（<60分）		

任务小结

客户服务人员接待客户后要注意感知客户的需求与期望，以便提供有针对性的服务。客户的期望有不同的层次，客户服务人员应学会利用倾听、提问、复述等技巧理解客户，把握客户的需求，有效管理客户的期望值，并运用专业知识，迅速响应、无缝对接，为客户提供一站式服务，从而促成交易、留住客户。

任务三　处理客户投诉的技巧

任务情境

?思考

如果你是王一迪，你会怎样处理此次客户投诉，弥补自己的过失？

最近，公司在举办线上"618"促销活动。活动第一天，一位客户想购买空调扇，作为客服专员的王一迪促销心切，急于成交，想取得个开门红，在给客户介绍时说，空调扇可以达到15℃的制冷效果（实际上达不到）。客户相信了她的话并购买了一台，但拿回家后发现制冷效果并不好，同时抓住王一迪说的可以达到15℃的承诺不放，打电话投诉王一迪，并坚持要退货。

在现实销售活动中，类似的客户投诉问题很常见。每个企业都会遇到客户投诉问题，只有正确对待和处理好客户投诉，才能维护好客户关系。

知识储备

客户投诉是每一个企业都会遇到的问题，它是客户对企业产品或服务不满的表达方式，也是企业有价值的信息来源。因此，如何利用处理客户投诉的时机来赢得客户的信任，把客户的不满意转化为客户满意，使他们对企业和产品忠诚，从而获得竞争优势，已成为企业营销实践的重要内容之一。

一、认识客户投诉

（一）客户投诉对企业的意义

1. 客户投诉代表客户对企业的信赖

市场竞争的实质就是一场争夺客户资源的竞争。但由于种种原因，企业提供的产品或服务可能会不符合客户的期望，造成客户不满意。向企业投诉的客户一方面要寻求公平的解决方案，另一方面也是给企业一次纠错改进的机会。

2. 减少负面影响

许多投诉案例表明，客户投诉如果能够得到迅速、圆满的解决，客户的满意度就会大幅度提高，可能会比之前具有更高的忠诚度。

3. 免费的市场信息

投诉是联系客户和企业的一条纽带，它能为企业提供许多有益的信息。客户投诉一方面有利于纠正企业营销过程中的问题与失误，另一方面还可能反映出企业产品和服务的不足之处。

4. 危机预警

客户投诉对企业来说可能是一种危机预警的信号，这表示企业在某些方面出现了问题，需要及时处理和解决，如产品质量问题、服务质量问题、管理体系问题、市场竞争压力等。

（1）产品质量问题。如果客户频繁投诉产品质量问题，这可能意味着企业的产品制造过程存在缺陷或质量控制不严格。如果不及时解决，可能会导致更多客户的不满和投诉，情况严重的还会损害企业的声誉。

（2）服务质量问题。客户投诉企业提供的相关服务，如客户投诉响应时间过长、服务态度不好、问题解决不彻底等，这可能意味着企业在服务方面存在问题。这种情况下，企业可能丧失客户支持和忠诚度，影响竞争力和市场份额。

（3）管理体系问题。如果客户投诉涉及企业内部的管理体系问题，如交付延误、信息不准确或混乱等。这可能表明企业存在组织架构设置、流程管理等方面的问题。这种情况下，企业需要观察和调整内部管理体系，以避免产生更多的投诉和业务问题。

（4）市场竞争压力。客户投诉可能反映了企业在市场上的竞争地位受到威胁，如果竞争对手的产品或服务更受欢迎，相比较之下客户可能选择投诉并转而选择竞争对手产品或服务。这种情况下，企业需要对市场环境和竞争对手进行进一步分析，并采取相应的措施来应对竞争压力。

（二）客户投诉产生的原因

客户投诉产生的原因有很多，具体来说有以下几种。

1. 产品或者服务的质量问题

如果产品或服务质量没有达到客户预期，或者经常出现故障，客户就可能会投诉。例如，其他通信企业给客户提供的功能越来越多，网络覆盖不断扩大，接通率提高，掉线率下降。而本企业提供的通信服务使客户在很多地方打不通电话，或者经常掉线，那么客户的埋怨就会不断增加，从而产生投诉。

2. 服务态度或服务方式问题

不当的服务态度或服务方式，极易引起客户的不满，从而进行投诉。例如，对客户冷漠、粗鲁，表情僵硬，或者表示出不屑；不尊重客户，沟通时缺乏耐心，对客户的提问和要求表现出烦躁；服务过程僵化、被动，没有迅速、准确处理客户的问题；措辞不当，引起客户的误解等。

3. 承诺未兑现

企业在广告或宣传中过分夸大宣传产品的某些性能，使客户上当，造成客户预期落空；或者企业对客户做出了某种承诺而没有兑现，使客户的需求没有得到满足。

二、处理客户投诉的步骤

1. 让客户适当发泄情绪

在客户投诉时，企业应该热情地招呼对方，真诚地对待每一位投诉的客户。企业要允许投诉的客户适当发泄心中的不满乃至愤怒的情绪，在其情绪平稳后，及时表达歉意，耐心聆听并表示认同，了解客户投诉的深层次原因。

2. 记录投诉要点、判断投诉是否成立

要记录的内容包括：投诉人、投诉对象、投诉内容、何时投诉、购买产品的时间、客户的使用方法、投诉要求、希望以何种方式解决问题、客户的联系方式等。

在记录的同时，客服人员要判断投诉是否成立、投诉的理由是否充分以及投诉的要求是否合理。如果投诉不能成立，要用委婉的方式告知客户，耐心解释，消除误会。

如果投诉成立，企业的确有责任，应当首先感谢客户，可以说"谢谢您对我说这件事……""非常感谢，您使我有机会为您弥补损失……"。要让客户感到其投诉是受欢迎的，其意见很宝贵。一旦客户受到鼓励，往往还会提出其他的意见和建议，从而给企业带来更多有益的信息。

3. 拟定解决方案并与客户达成一致

根据实际情况，参照客户的处理要求，及时提出解决的具体方案，如退

货、换货、维修、赔偿等。客服人员提出解决方案时，要注意使用建议的口吻，然后向客户进行解释说明。如果客户对方案不满意，一定要询问客户的意见，并且达成一致。最后，要抓紧实施客户认可的解决方案。

4. 跟踪回访服务

跟踪服务即对投诉处理后的情况进行跟踪回访，可以通过电话或微信，甚至登门拜访的方式了解事情的进展是否如客户所愿，获取客户对投诉处理方案实施后的意见和建议。如果客户仍然不满意，就要对处理方案进行修正，重新提出令客户满意的方案。

三、处理客户投诉的技巧

1. 安抚和道歉，平复客户情绪

在客户投诉后，不管投诉的内容是什么，或是过错方是谁，客服人员要做的第一件事就是平息客户的情绪，并向客户表示歉意。客服人员还要告诉客户，公司将完全负责处理客户的投诉。

2. 快速反应，引导客户将注意力转移到事实上来

客服人员用自己的话把客户的抱怨复述一遍，确定已经理解了客户投诉的原因，而且对此已与客户达成一致。客服人员可以通过提问的方式，收集足够多的信息，引导客户把注意力转移到事实上来，以便解决客户的问题。如果可以，客服人员要告诉客户你愿想尽一切办法来解决他们提出的问题。

3. 承诺将积极弥补并提出兑现期限

对投诉客户进行必要且合适的补偿，包括心理补偿和物质补偿是很有必要的。心理补偿是指客户服务人员承认确实存在问题，也确实对客户造成了伤害，进行真挚诚恳的道歉。物质补偿一般包括经济赔偿、更换产品或对产品进行维修等，在符合政策的前提下尽量地满足客户要求。切记，所有的承诺必须兑现，并且是在承诺时间期限内完成兑现。

4. 移情，向客户表示感谢或致歉

面对客户的投诉，表达歉意能表明企业的态度和姿态，会缓解客户不满的情绪。企业应当强调，客户投诉的问题引起了企业的注意，让企业看到了服务缺陷并会加以完善，因此需要向客户表示感谢。

5. 跟踪回访，确认客户满意

投诉问题得到解决后，客户服务人员需要进行跟踪回访，看客户是否

已经满意。如在解决投诉后的一周内，打电话或发信息给客户，了解他们对处理结果是否依然满意，可以同时发送电子优惠券。

四、客户投诉处理后的工作

1. 自我控制

有些客户在投诉时情绪可能很激动甚至出言不逊，客户服务人员在事中和事后都要控制自己的情绪，切忌与客户发生冲突或是事后报复，不仅不利于解决问题，还会对企业的形象产生严重的负面影响，进而影响个人和企业的长远发展。

2. 自我对话

客户服务人员可以通过科学的方法管理负面情绪，帮助自己养成内心自我对话习惯，形成正向思维，保持积极和乐观向上的心态。

3. 自我检讨

客户服务人员应回顾总结在投诉处理过程中，处理流程是否合乎规范、提供的解决方案是不是最优的、安抚客户情绪的方式是否可以优化等，提升自己的业务能力和水平。

● **教学案例**

一天，酒店前台服务人员接到一位男性客人的电话："你们的热水怎么一点也不热，面盆水龙头的水也很小，我都要洗漱休息了，赶紧来看一下。"这是一家三口的客人，稍有不慎便有可能引起客人的不满，进而投诉。

前台先是安抚客人情绪："非常抱歉，我这就为您解决，您请稍等，我这就安排维修人员上去为您看一下什么原因。"维修人员检查后的结论是：修理好需要较长时间。

为不影响客人休息，前台服务人员与客人沟通："先生，非常抱歉，对于此类事情我们一定会进行整改，这边给您免费升级家庭房可以吗？房间内包括一张 1.9 米的大床和一张 1.35 米的小床，住着肯定会更舒适一些。"

客人同意了更换房间，前台服务人员为客人升级了房型并将新房卡送到客人房间，同时再一次表达了歉意和房型升级的说明，并主动帮客人拿着行李换到新房间。客人在第二天退房时，前台服务人员再次为昨晚的事情道歉并提供了小礼物。

✅ 任务实施

1. 实施内容

电商客服客户投诉处理。

2. 实施要求

随着网络时代的到来，越来越多的人选择在网络平台购物，但与此同时，电商消费类的投诉也越来越多。现在假设你是苏宁易购的客户服务人员，根据所学知识，你将如何开展工作，处理客户的投诉？

3. 实施步骤

（1）教师布置任务，同学们以小组讨论的方式，讨论苏宁易购可能存在哪些类型的客户投诉，各种投诉该如何处理。

（2）学生在教师的指导下，完成下表。

客户投诉分析表

客户名称		受理日期	
投诉种类		承诺期限	
投诉缘由及诉求			
投诉处理可能的难点及应对方法			
投诉调查结果分析			
客户期望是否达成			
采取的主要措施			
投诉主管建议			

（3）结合学生的讨论结果，教师进行点评和知识总结。

（4）挑选一部分同学在课堂上展示成果，教师分析存在的问题，重点考查学生对处理客户投诉的步骤及技巧的运用情况，并进行总结评价。

任务评价

任务评价表

学习目标	评价项目	自我评价（30%）	组间评价（30%）	教师评价（40%）
专业知识 （30分）	了解客户投诉对企业的意义，积极应对客户投诉			
	了解客户投诉产生的原因			
	熟悉处理客户投诉的原则及步骤			
专业能力 （45分）	能够正确对待客户投诉			
	能够分析客户投诉的原因			
	能运用技巧正确处理客户投诉			
职业意识 （25分）	责任意识			
	团队合作意识			
	服务意识			
	实践创新意识			

教师建议：

个人努力方向：

评价标准：
A. 优秀（≥80分）　　B. 良好（70～80分）
C. 基本掌握（60～70分）　D. 没有掌握（<60分）

任务小结

　　客户投诉或者抱怨是客户对商品或服务品质不满的一种具体表现。企业应正确认识客户投诉并积极应对客户投诉，将其转化为促进企业发展的一个契机。正确处理客户投诉，首先要分析客户投诉的原因，了解客户的诉求，遵循"先处理情感，再处理事件"的原则积极处理客户投诉，尽最大努力让客户满意。投诉处理后，企业应积极反思，及时进行改正，避免发生类似的错误。

任务四　挽回流失客户的技巧

任务情境

思考
　　客户流失对企业有何影响？如果你是王一迪，该如何挽回流失客户？

　　一年一度的"618"大促活动正在进行中，电商客服王一迪的工作量与日俱增。她给自己设定了一系列任务，熟悉电商平台规则及店铺的系列促销活动，如满减、满送、优惠券、红包、返现等；尽快熟悉商品信息等。最近气温升高，空调扇销量不断提升，前几天咨询空调扇的客户又来了，但是只简单询问了一下价格就不再联系了。王一迪几次联系客户都未得到回应，几天后才得知，该客户已经在其他商城购买了空调扇。王一迪很纳闷，同款空调扇，一样的品质、一样的价格，为什么客户会转向竞争对手呢？

知识储备

客户关系的建立、维护需要一系列组合策略的共同作用，缺一不可，而客户关系的修复则可以从"点"上着眼，找出客户流失及关系破裂的原因，然后对症下药，有针对性地采取有效的挽回措施，就能事半功倍。

一、正确应对客户流失

1. 调查原因

如果企业能够深入了解、弄清楚客户流失的原因，就可以获得大量珍贵的信息；如果能够发现经营管理中存在的问题，就可以采取必要的措施，及时改进，从而避免其他客户的流失。面对流失客户，企业只有充分考虑流失客户的利益，并站在流失客户的立场上，对不同特点的流失客户进行及时、有针对性、个性化的沟通，才可能挽回流失客户。

2. 制定对策

企业要根据客户流失的原因制定相应的对策，以挽回流失的客户。例如，针对价格敏感型客户的流失，应该在定价策略上采取参照竞争对手定价的策略，甚至采取略低于竞争对手的定价，这样流失的客户自然就会回来。

二、识别及防范客户流失

通过客户流失防范措施，企业可以最大限度地避免客户流失。但是，仍会有一些客户离开，导致客户关系破裂。当客户流失已成既定事实时，企业应该不气馁，积极采取措施，尽最大努力挽留有价值的流失客户，争取他们的有效回归。

1. 分析流失原因，消除客户的不满

首先，企业要积极与流失客户联系，访问流失客户，诚恳地表示歉意，以消除他们的不满情绪；其次，要了解客户流失的原因，客户的需求不能得到切实有效的满足往往是导致企业客户流失的最关键因素。常见原因一般有以下几种。

（1）自然流失。这种类型的客户流失不是人为因素造成的，典型的例

子如搬迁。这种类型的客户流失并不严重，而且对企业的影响比较小。当然，企业还是可以采取一些措施来尽量减少由此带来的损失，如广泛建立企业的连锁服务网点和经营分公司，让企业业务的覆盖范围更广。

（2）竞争流失。这种类型的客户流失是由于企业竞争对手的影响而造成的。市场上的竞争往往是白热化的，突出表现在价格和服务上。

（3）过失流失。除上述情况之外，还有一些客户流失是由企业自身工作中的过失造成的。这种类型的流失带给企业的影响最大，也是最需要重点挽回的。例如，企业产品或服务质量不稳定、缺乏创新，服务人员服务意识淡薄等。

（4）主动放弃。由于企业产品升级换代或业务范围的变更，使得目标客户群发生变化，因此主动放弃部分原来的客户；或是主动放弃一些无价值或低价值的客户。

2. 采取应对措施，恢复客户关系

在客户流失原因分析的基础上，企业要根据不同情况，分别制定相应的对策。对于有价值的流失客户，即使人数很少，企业也应该引起足够的重视，挽回措施主要有两项：一是与特定客户进行个别沟通或对话，二是向特定客户提供恢复业务关系的优惠条件。企业应针对不同的流失原因采取不同的措施，最大限度地争取恢复客户关系。

3. 做好客户分类，合理分配资源

企业应该根据客户的重要性分配投入挽回客户的资源，达到挽回效益的最大化。针对不同级别的流失客户，企业应当采取的态度是：对重要客户要极力挽留，对主要客户要尽力挽留；对普通客户要有选择性的挽留，基本放弃无价值或负价值客户。

4. 甄别客户价值，果断放弃无价值客户

通过甄别客户价值，企业应该果断放弃一些流失客户。不值得挽留的客户有以下几种：无法带来利润的客户；无法履行合同规定的客户；损害员工士气的客户；声望太差，与之建立业务关系会损害企业形象的客户。对于这些不值得挽留的客户，企业要果断放弃。

三、挽回流失客户的步骤

客户流失的时间不同，从表现出流失倾向到最终流失可能仅有数天时间。因此，挽回流失客户是一项与时间赛跑的工作。企业要把握客户从出现流失倾向到与其他企业建立业务关系之间的"窗口时间"，用各种方法

说服客户，使其回心转意。为了达到这样的目的，企业需要建立科学的机制，设计完整的流程，以专门进行客户挽回工作。

1. 建立响应机制

响应机制需要多部门参与建立，包括但不限于客户关系部门、公共关系部门、客户服务部门和市场部门等。有时还需要渠道合作伙伴、数据分析公司、市场调查公司等外部成员的支持配合。

2. 发现挽回机会

挽回机会需要满足两个条件：一是客户达到了挽回标准，具备挽回价值；二是时间处在"窗口时间"内，客户还未与企业全面脱离或还没有转向其他企业。为了及时、精准地发现挽回机会，企业要将客户流失预警模型与客户挽回标准结合起来，一旦客户出现流失倾向，就要立即判断其是否符合挽回标准；确定需要挽回后，应及时通过响应机制将信息传达给相关职能部门。

3. 制订挽回方案

发现挽回机会后，企业就需要尽快制订挽回方案。挽回方案要求能快速实施并满足客户的需要，这样才可能打动客户，使客户回心转意。

（1）调查原因。虽然通过客户的历史数据可以判断客户流失的类型，但要想挽回客户，企业还应该了解客户流失的具体原因。对此，企业应该第一时间与客户沟通，做好流失原因调查，只有这样才能"对症下药"。

（2）表明态度。在与客户交流时，企业就需要表明自己的态度，就服务失误、质量问题、未满足客户期待等向客户表示歉意，并表示企业希望与客户继续合作，愿意提供更高质量的产品或服务。

（3）设计针对性方案。企业应与客户协商，得到双方都能接受的方案。企业要根据对客户流失原因的调查，制订相应对策，如给予价格敏感型客户优惠价格；对产品或服务不满的客户，承诺后续为其提供高质量的产品或服务；对需求变化的客户，与之探讨产品或服务的更新换代和功能优化等。

4. 实施挽回方案

企业根据制订的挽回方案，协调各职能部门实施方案，如协调售后部门维修或更换产品，协调生产部门改良产品，协调市场部门开展营销活动，协调公共关系部门发布相关信息等。挽回方案的实施一定要及时、到位，在实施后还要进行及时的客户回访，询问客户是否满意。

5. 评估挽回效果

评估挽回效果的指标包括挽回客户维持了多久、其做出了多大贡献等，这将为以后的客户挽回工作提供参考。

企业案例

亚马逊成功挽回流失客户

亚马逊是全球知名的电子商务平台，他们为了挽回流失客户积极采取了以下措施：

第一，聆听和解决问题。亚马逊对客户的反馈持开放态度，并积极聆听客户的问题和不满。当客户流露出对于订单延误或者产品质量问题的不满时，亚马逊会迅速采取行动并提供解决方案，以确保客户满意。

第二，个性化关怀。亚马逊注重个体化的客户关怀。在客户流失后，亚马逊会发送有针对性的电子邮件或者短信，询问客户的意见，并提供一定程度的补偿或者优惠券，鼓励客户再次购买。

第三，提供卓越的客户服务。亚马逊致力于提供卓越的客户服务，包括便捷的退货和退款流程，24小时在线客服支持等，便于客户随时通过亚马逊的在线客服渠道与客户服务团队进行交流和沟通，以提高客户满意度、构建良好的客户体验，并加强亚马逊与客户之间的沟通和互动等。当客户遇到问题时，亚马逊专业的客服团队会及时提供帮助和解决方案，确保客户满意。

由于亚马逊对于客户体验的持续投入和关注，他们成功挽回了许多流失客户，并维持了长期的客户忠诚度。这一案例表明，关注客户的需求、积极解决问题以及提供优质的客户服务是企业成功挽回流失客户的关键。

⊘ 任务实施

1. 实施内容

流失客户的挽回。

2. 实施要求

（1）可自行选择有条件进入的企业开展客户流失防范及应对实践工作。企业类型、规模不限。

（2）在事件处理过程中有意识地运用所学的挽回客户的技巧，做好相关记录。

（3）将上述成果做成PPT并进行演示汇报。

3. 实施步骤

（1）教师布置任务，同学们以小组讨论的方式，讨论所选企业应如何正确对待客户流失及如何挽回有价值的客户。

（2）学生在教师的指导下，完成实践工作，进行成果总结。

（3）分组进行汇报与展示，师生进行互动及点评。

任务评价

任务评价表

学习目标	评价项目	自我评价（30%）	组间评价（30%）	教师评价（40%）
专业知识 （30分）	了解客户流失对企业的影响			
	了解客户流失的原因			
	熟悉挽回客户流失的策略与步骤			
专业能力 （45分）	能够正确对待客户流失			
	能够分析客户流失的原因			
	能运用技巧挽回流失客户			
职业意识 （25分）	责任意识			
	团队合作意识			
	服务意识			
	实践创新意识			
教师建议： 个人努力方向：		评价标准： A. 优秀（≥80分）　　B. 良好（70～80分） C. 基本掌握（60～70分）　D. 没有掌握（<60分）		

任务小结

在客户流失前，企业要防范客户流失，极力维护客户的忠诚。当客户关系发生破裂、客户流失成为事实的时候，企业应积极挽回流失客户，促使他们与企业继续建立稳固的合作关系。企业应根据客户的重要性来分配投入挽回客户的资源，充分评估流失客户的价值，了解客户流失的原因，"亡羊补牢"；与流失客户进行及时、有针对性、个性化的沟通，实现挽回效益的最大化。

同步测试

一、单项选择题

1. （　　）环节是客户接触企业的开端，将直接影响交易是否能达成。

　　A. 接待　　　　　　　　　　　　B. 处理投诉

　　C. 售后服务　　　　　　　　　　D. 售前咨询

2. 在受理业务时，注意倾听客户提出的要求和问题，了解客户所办业务的需求；（　　）接过客户递交的现金、凭证、票据，以适宜的音量复述客户所提要求。

　　A. 双手　　　　B. 单手　　　　C. 左手　　　　D. 右手

3. 客户服务主要包括四个阶段：接待客户、（　　）和挽留客户。

　　A. 理解客户、帮助客户　　　　　B. 欢迎客户、帮助客户

　　C. 欢迎客户、理解客户　　　　　D. 分析客户、理解客户

4. 对客服人员而言，职业化的语言是体现自身职业的重要表现，其中不包括（　　）。

　　A. 标准　　　　B. 礼貌　　　　C. 规范化　　　　D. 口语化

5. "您别着急，请跟我说说到底发生了什么事情？"一般是用在初步了解客户需求的时候，这属于（　　）。

　　A. 开放式提问　　B. 封闭式提问　　C. 探查式提问　　D. 混合式提问

6. "请问您是想查询您的电费清单吗？"用于确定客户需求和澄清问题时，这属于（　　）。

　　A. 开放式提问　　B. 封闭式提问　　C. 探查式提问　　D. 混合式提问

7. 针对不同级别的流失客户，企业应当对（　　）要极力挽留。

　　A. 无价值客户　　B. 普通客户　　C. 主要客户　　D. 重要客户

8. 以下哪一项不是服务的个人特性层面的因素（　　）。

　　A. 服务客户时采用的态度　　　　B. 服务客户时采用的方式

　　C. 服务客户时采用的语言　　　　D. 服务客户的流程设计

9. 内向型客户言语不多，受外界影响不大，有时表现为反应比较慢，不愿意表达自己的想法，情感不外露。因此，在处理内向型客户的投诉时应（　　）。

　　A. 以权威的形象出现，并提供有理有据的解决方案

　　B. 有理有据，以理服人

　　C. 耐心引导

　　D. 态度要热情，多花一点时间倾听

10. 某公司的维修人员在服务结束离开时，会用自带的抹布将门口的地面擦一遍，这是通过（　　）传递给消费者良好的体验。

　　A. 产品　　　　B. 广告　　　　C. 服务　　　　D. 平台

二、多项选择题

1. 客户服务人员在接待客户之前，应先预测客户可能有哪些方面的需求并做好准备。一般来说，客户有（　　　　）三个方面的需求。

    A. 信息　　　　　B. 环境　　　　　C. 情感　　　　　D. 金钱

2. 理解客户是帮助客户的前提，因此客户服务人员需要具备（　　　　）技巧。

    A. 倾听　　　　　B. 提问　　　　　C. 复述　　　　　D. 安抚客户

3. 要正确处理客户投诉，首先需要分析客户投诉的原因。一般来说，客户投诉的原因有（　　　　）。

    A. 产品或者服务的质量问题　　　　　B. 客户服务人员工作的失误

    C. 服务人员的态度问题　　　　　　　D. 承诺未兑现

4. 客户的需求不能得到切实有效的满足往往是导致企业客户流失的关键因素。客户流失的方式有（　　　　）。

    A. 自然流失　　　B. 竞争流失　　　C. 主动放弃　　　D. 过失流失

5. 从投诉方式来看，客户投诉通常会采取（　　　　）等方式。

    A. 电话投诉　　　　　　　　　　　　B. 信函投诉

    C. 现场投诉　　　　　　　　　　　　D. 电子邮件或短信投诉

三、判断题

1. 客户对企业、产品的认知和态度在很大程度上取决于自己受尊重的程度。（　　　）

2. 换位思考能够帮助企业拉近与客户的心理距离，解除客户的防备心理，使沟通更有效。（　　　）

3. 物质补偿是指客户服务人员承认确实存在着问题也确实造成了伤害，并道歉。（　　　）

4. 现在，客户需要的是个性化服务，而网络可以为客户提供全天候、即时、互动的全新服务体验。（　　　）

5. 传统销售服务的个性化服务多为一个区域的客户，这些客户均在一家或少数几家小百货商店购买所需的用品。（　　　）

6. 在消费者购买商品之后，商家需要根据商品的性质向客户提供各种不同方式的售后服务。（　　　）

7. 客户服务人员要了解客户的期望值并对其进行有效的排序，要学会管理客户的期望值。（　　　）

8. 客户服务人员根据客户的期望值进行定期回访，定期进行新产品的推荐，从而与客户保持联系，可以创造持续不断的价值。（　　　）

9. 客户服务人员在接到客户投诉时，如果是他人的过错，要告诉客户"这个问题是因为其他部门的失误造成的"，以便掩饰自身的责任。 （　　）

10. 处理客户投诉的原则之一是"先处理情感、再处理事件"。 （　　）

11. 在和客户沟通时，应注意不要有意打断客户，在不打断客户的前提下，适时地表达自己的意见。 （　　）

12. 当公司的业务量达到满意程度时，所面临的就是过量需求。 （　　）

13. 复述包括两个方面的内容：复述事实和复述情感，这是为了客服人员能够分清责任。 （　　）

14. 目前以客户为中心的客户导向理念大多停留在口头上，很少落实到行动上。 （　　）

15. 客户服务的目的就是满足客户的各种需求，保证客户与企业之间的长期合作。 （　　）

四、简答题

1. 处理客户投诉的技巧有哪些?

2. 企业如何防止客户流失?

五、案例分析题

海底捞的客户忠诚之道

海底捞是一家以经营川味火锅为主、融汇各地火锅特色的餐饮品牌。这家被媒体称为"五星级"的火锅店，顾客回头率非常高。海底捞培育忠诚客户的举措有以下几点。

1. 注重全过程体验，用心服务

去过海底捞的人，对其细致入微的服务都会留下深刻的印象，有人夸张地称之为"变态伺候""肉麻服务"。海底捞为顾客开辟了等待区，配有沙发和座椅，有免费豆浆、柠檬水供应，还可以享受免费擦鞋、免费上网和免费美甲服务。顾客点餐入座后，服务员会适时送上绑头发用的皮筋、围裙、手机套、眼镜布等小物件。点菜时服务员会贴心地建议点半份，这样便于顾客品尝不同的食物，同时也避免浪费。就餐期间会有服务员不时地递上热毛巾，就餐后还会送上一些小礼物。

2. 放弃非目标顾客

有人曾经问过海底捞的管理人员："一两个小时的等位时间对一些人来说未免太漫长，他们不在乎免费茶水，也不需要擦鞋、美甲，你将如何吸引这些顾客?"管理人员的回答简单而干脆："对时间过于敏感的顾客不会选择吃火锅，也就不会选择海底捞。"提前预订或者一两个小时的等位时间已经成为海底捞的特色之一。这一特色已经超出了大多数中低档餐厅对便利、快捷的追求。海底捞倡导并竭力营造"为家庭、朋友聚会提供优质服务的场所"，定位于看重体验而非效率的顾客。因此，对于等位时间过于敏感的顾客，海底

捞也只好放弃。

3. 把员工当顾客，做好员工管理

在海底捞用餐，更深的感触是这里的服务员个个精神饱满，积极向上的态度感染着每位顾客。海底捞不仅为员工提供公寓，还配套24小时热水与空调。公寓内电话、电视和网络一应俱全，有专人打扫卫生、换洗床单。员工生病了会送上药品和病号饭，下夜班的员工还能享受到夜宵服务。把员工当顾客，关心和关注员工的方方面面，在让顾客感动前先让员工感动。从顾客在店门排队开始到离店的每一个细节都有人用心关注，而这种关注或许只是服务员服务之余的用心。这也正是发挥员工的主观能动性，更多地用心来做服务，而不仅是靠手。因此，在海底捞的服务中总会出现层出不穷的好点子，带给顾客惊喜。海底捞还通过权力下放的方式，让员工从被管理者转变成管理者，提高了员工的主观能动性。企业有了忠诚的员工，才会有忠诚客户。

案例思考：海底捞在培养客户忠诚方面有哪些具体的举措？

项目简介

本项目主要介绍客户数据分析的基础概念、客户数据的收集、客户画像的构建和客户画像的分析等内容。

学习目标

知识目标：

○ 了解客户数据分析的概念、客户数据收集的方法。

○ 理解客户分析的相关指标。

○ 掌握客户画像的构建和分析方法。

能力目标：

○ 能正确采集客户数据，完成数据的清洗和预处理。

○ 能根据企业实际业务需求，进行客户数据的分析，并创建合适的可视化图表。

○ 能构建客户画像并进行画像分析。

○ 能根据客户数据分析结果，优化企业经营行为，提升客户服务质量。

素质目标：

○ 帮助学生树立信息安全意识，强化保护客户、维护消费者权益的规则意识，自觉维护客户的信息安全。

○ 培养学生严谨的数据分析思维，提升数据敏感度。

○ 增强学生以商务决策为导向的数据分析意识，帮助学生养成耐心、细心、静心的优良品格。

○ 提升学生诚信、严谨、务实的职业素养，增强学生的服务意识，使学生具备强烈的责任意识。

任务一　认知客户数据及客户数据分析

任务情境

王一迪所在的公司为了优化企业运营策略、提升营收，决定对店铺进行客户数据分析。一天，公司领导和她说："你工作有一段时间了，对客户服务技巧已经较为熟悉。为了锻炼你的综合能力，现在安排你在数据分析部门进行为期一个月的轮岗学习。你要针对咱们公司最近一个月的客户行为轨迹、浏览与收藏行为展开分析。"王一迪接到任务后，认认真真地观看了以前的客户分析报告，并且在网上查阅了相关资料。接下来，王一迪需要思考的问题是：利用哪些数据可以分析客户从进入企业店铺到离开企业店铺整个过程中的行为？分析客户行为涉及的指标主要有哪些？需要与哪些部门沟通来确定分析需求？

思考

所有的客户数据都要分析和利用吗？客户数据分析的工作流程是什么？怎样采集到想要的客户数据？

知识储备

一、认知客户数据

当商业环境从以产品为核心的模式转变为以客户为核心的模式后，客户数据就成为各个商务企业十分重视的一类数据了。通过积累客户各方面的数据，如客户基本信息、客户购买行为、客户价值、客户忠诚度等，企业可以总结出客户的各种特征，从而为制订有效的营销和推广计划，以及更好地维护与客户之间的关系提供强大的数据基础。

做一做

党的二十大报告对强化网络、数据安全做出了相关部署，请通过网络查阅相关内容。

（一）客户数据的概念

客户数据是指企业采集和管理的客户信息，包括客户基本信息、交易记录、历史互动记录等。客户数据可以帮助企业了解客户需求，提高客户满意度和忠诚度，从而促进销售增长和市场份额扩大。

（二）客户数据的分类

根据不同的分析目的和维度，客户数据可以分为不同的类型，本项目主要研究客户画像，因此按照客户画像分析维度，可以把客户数据分为两类：静态客户数据和动态客户数据。

1. 静态客户数据

静态客户数据是指客群相对稳定的信息，主要包括个人属性、社会属性、消费属性等方面的数据。这类信息自成标签，如果企业有真实信息则无须过多建模预测，而是要做好数据清洗工作。

1）个人属性数据：包括性别、出生日期、年龄、地域、婚姻状况等。

2）社会属性数据：包括职业、收入、社交信息等。

3）消费属性数据：包括消费水平、已购商品、购物频次、购买渠道等。

2. 动态客户数据

动态客户数据是指客群不断变化的行为信息。对网店来说，客群行为主要有搜索、点击、浏览、收藏、加购、咨询、下单、支付、评论等。

1）客户浏览数据：包括客户浏览的页面及时间等。

2）客户行为数据：包括搜索、点击、收藏、加购、咨询、下单、支付、评论等行为数据。

客户画像的建立需要对以上数据进行收集和处理，并通过对以上数据的挖掘、记录及分析，实现对客户更加深入的了解。数据是构建客户画像的核心依据，一切不建立在客观数据基础上的客户画像都是空中楼阁。

二、收集客户数据

收集客户数据是客户数据分析中十分重要的一环，也是企业经营活动中的一项系统性工作。根据企业各岗位的客户数据需求，通过可靠的数据来源与合适的数据采集方式获得、维护、更新客户数据，为后续客户数据分析提供基础数据。

企业需要收集的数据有很多，较为重要的有客户特点、业务场景以及客户的行为特征等。针对不同的企业类型或者不同的产品类型，需要收集的信息也不是完全相同的。因此，企业需要根据自己的分析目标以及具体的消费场景进行针对性的收集。

（一）收集渠道和工具

客户数据可以通过问卷调研、客户访谈、商家后台、电子商务网站、社交媒体监听、销售会话智能平台等渠道获取。针对不同的收集渠道，可以选择不同的收集工具。常用的收集工具有生意参谋、京东商智、客户运营平台、八爪鱼采集器、火车头采集器、百度指数、阿里指数等。下面简单介绍生意参谋、京东商智、客户运营平台这三个客户数据收集工具。

1. 生意参谋

生意参谋是阿里巴巴商家端统一的数据平台，属于内部数据采集工具。生意参谋秉承"数据让生意更简单"的使命，致力于为商家提供精准实时的数据统计、多维的数据分析和权威的数据解决方案。商家可以通过生意参谋免费查看店铺的客户分析、流量分析、销售分析、推广效果分析等，也可以使用付费功能查看网店更多的经营数据。

商家通过店铺后台中的卖家中心登录生意参谋，即可进入生意参谋的主页面。在生意参谋中，单击"实时"→"实时访客"命令，可以查看正在浏览店铺网页的每位访客信息，包括访问时间、入店来源、被访页面、访客位置等。

2. 京东商智

京东商智是京东向第三方商家提供数据服务的产品。京东商智全面打通底层数据，实现采购、供应、销售等多方数据口径的统一，通过全方位的开放数据赋能商家。京东商智的数据涵盖销量、流量、客户、商品、行业、竞品6个维度，并从时间粒度全面覆盖，以有效帮助商家实现精准化决策，提升精细化运营效率。

登录京东商家后台，在页面右上角单击"工具"按钮，选择"京东商智"，操作方法与阿里巴巴的生意参谋类似。

3. 客户运营平台

客户运营平台是基于阿里大数据为商家提供客户全生命周期管理的智能化客户关系管理平台。该平台能够帮助商家更好地洞察客户需求，进而制订个性化的营销和服务方案，以提升客户黏性。客户运营平台最主要的作用就是帮助商家运营和维护客户关系，让客户从普通消费者变成店铺的忠诚粉丝，从而为店铺贡献更多的经济价值。

客户运营平台有以下特点：①数据运营范围更广，可实现从已购客户到潜在客户的运营；②触达渠道更多，从短信营销到阿里全链路触达；③营销策略更智能，提供场景化、智能化的营销策略。

（二）收集方法

1. 静态客户数据的收集

（1）通过客户的注册数据来获取。通过客户属性的标签化，以及对文本的挖掘获取相关数据，并存入客户数据库。

（2）通过客户事件来获取。这部分数据不一定都是在客户注册行为中产生的，但又是相对静态的。例如，客户的相关社会属性或者购物偏好可以在客户使用产品的过程中通过文本挖掘，以及对自然语言的处理来获取。

2. 动态客户数据的收集

（1）客户的浏览数据，一般通过页面浏览统计工具进行收集与统计。例如，若要统计不同客户浏览不同页面的偏好，通常是通过自建数据后台或者借助第三方工具来完成，如百度统计等。

（2）客户的行为数据，一般通过在产品上设置相关埋点来进行收集与统计。例如，若要统计客户点赞、收藏、评论等行为数据，可以通过自建数据后台或者借助第三方工具来完成。

以电商平台为例，客户的行为数据包括活跃人数、页面浏览量 PV、访问时长、浏览路径等；客户的偏好数据包括登录方式、浏览内容、评论内容、互动内容、品牌偏好等；客户的交易数据包括客单价、回头率、流失率、转化率和促活率等。收集这些指标性的数据，以便对客户进行有针对性、目的性的管理与推荐。

三、认知客户数据分析

（一）客户数据分析的概念

客户数据分析是指通过收集和分析客户基本信息、消费行为特征及其与企业经济效益之间的关系，构建客户画像、评估客户价值的过程。

通过合理、系统的客户数据分析，企业可以明确客户群体的需求，为不同的客户制订个性化营销方案与资源配置计划，从而实现精准服务。客户数据分析还可以帮助企业发现潜在客户，使企业得到快速发展。

（二）客户数据分析的内容

客户数据分析的内容有很多。根据客户关系管理的内容，可将客户数据分析的主要内容概括为以下几个方面。

1. 客户行为分析

客户行为是指客户为获取、使用产品或者服务所采取的各种活动。客户对产品首先需要有一个认知、熟悉的过程，然后试用，再决定是否购买使用，最后成为忠诚客户。

利用客户数据，企业可以了解客户的购买行为，通过对客户行为的分析可以了解客户的真正需求。客户行为分析是客户分析的重要组成部分，企业通过客户行为分析可以知道哪些客户行为会对企业的利润产生影响，进而通过调整策略来改变客户行为，进而改善客户与企业之间的关系。

2. 客户价值分析

对客户价值进行分析是为了考察企业的实际营利能力及客户的实际贡献情况。每个客户的管理维护成本和收益都直接与企业的利润相联系。进行客户价值分析能够帮助企业识别出有重要贡献价值的关键客户，通过对这些关键客户进行重点营销，能够提高企业的投资回报率。

3. 客户个性化需求分析

随着企业经营理念的转变，"以客户为中心"的经营理念越来越受到商家的推崇，客户个性化需求分析也越来越受到商家的关注。客户关系管理是以客户为核心的，分析客户的个性化需求也是客户关系管理的一个重要内容。通过客户个性化需求分析，企业可以了解不同客户的不同需求，从而采取有针对性的营销策略，使企业的投资回报率达到最大。

4. 客户特征分析

客户特征分析要求企业根据客户的历史消费数据来了解客户的购买行为习惯、客户对新产品的反应、客户的反馈意见等。客户特征分析主要用来细分客户，针对不同特征的客户采取不同的营销策略。例如，通过分析客户对新产品的反应特征，企业可以获得新产品的目标客户群体特征，并且了解不同客户对新产品的接受程度，最终决定新产品投放到哪个细分市场。

5. 客户忠诚度分析

客户忠诚度分析对企业的经营具有重要意义，保持客户忠诚才能保证企业持续的竞争力。客户只有对企业所提供的产品和服务满意、对企业信任，才会继续购买，这样才能提高客户忠诚度。事实证明，保持老客户的成本比吸引新客户的成本要低得多，因此，保持企业与客户之间的长期沟通与交流对降低企业成本大有帮助。另外，客户是企业的无形资产，保持客户忠诚，能从根本上提高企业的核心竞争力。

6. 客户满意度分析

客户满意与评价是根据产品、区域来识别一定时期内感到满意的客户和感到不满意的客户，并描述这些客户的特征。企业通过对客户的满意度进行分析，可以了解某一地区的哪些客户对哪些产品最不满意、哪些客户对哪些产品最满意，进而了解这些客户的具体特征，并提出产品的改进意见和办法。

客户数据分析是企业成功实施客户关系管理的关键。企业所有的经营管理活动都是围绕客户来进行。企业对客户进行有效的分析，不仅能提高客户的满意度和忠诚度，而且能增加企业的利润，增强企业的核心竞争力。

（三）客户数据分析的关键指标

通过各种渠道收集客户信息是客户分析的第一步，也是至关重要的一步。接下来，企业需要使用能洞悉客户消费习惯的分析方法对这些信息进行加工，综合分析客户的历史消费数据、消费趋势、消费心态和地域分布等数据，使客户数据分析的各项结果具有可操作性，进而指导企业在所有客户接触点上的行动。

客户数据分析指标有利于企业进一步了解客户的得失率和客户的动态信息，一般包括如下关键指标。

1. 新客户数

新客户数是指首次访问或新注册的客户数量，可以用来计算新客户比例及分析营销推广的效果。新客户是企业持续发展的动力。

2. 新客户比例

新客户比例是指新客户在全部客户中的占比，它反映的是店铺的营销推广能力。新客户比例计算公式为：

$$新客户比例 = 新客户数 / 客户总数 \times 100\%$$

3. 活跃客户数

活跃客户是指经常光顾店铺，并为店铺带来经济价值的客户。在电商领域，活跃客户数通常被定义为在一定时期内，有消费行为或访问行为的客户数量。该指标是客户关系维护中非常重要的一个指标，只有真正的活跃客户才能为商家创造价值。一旦活跃客户数减少，则意味着客户正在流失，店铺经营将面临困难。

4. 活跃客户率

活跃客户率是指活跃客户占全部客户的比例。通过分析活跃客户率，商家可以洞悉店铺当前真实的运营状况。活跃客户率计公式为：

$$活跃客户率 = 活跃客户数 / 客户总数 \times 100\%$$

5. 复购客户数

复购客户数是指购买次数大于 1 的客户数量。复购客户属于老客户，黏性更强、忠诚度更高，是为店铺带来价值的重要客户群体，也是一家店铺生存的基础。

6. 客户复购率

客户复购率是指客户对某品牌产品或服务重复购买的频率。客户复购率是衡量客户忠诚度高低的一个重要指标。客户复购率越高，表明客户对品牌的忠诚度越高，反之则越低。

企业计算复购率的方法有以下两种。

（1）按客户人数计算

$$复购率 = 重复购买的客户数量 / 购买的客户总数量 \times 100\%$$

例如，假设有 100 人购买了 A 产品，其中 60 人重复购买（不考虑重复购买的次数），则此时复购率 $= 60/100 \times 100\% = 60\%$。

（2）按交易次数计算

$$复购率 = 重复购买的交易次数 / 总交易次数 \times 100\%$$

例如，假设某统计周期内 A 产品的交易次数为 100 次，其中有 50 人重复购买，这 50 人中有 35 人重复购买 1 次（即共购买 2 次），有 15 人重复购买 2 次（即共购买 3 次），则此时的复购率 $= (35 \times 1 + 15 \times 2)/100 = 65\%$。

需要注意的是，在计算复购率时，首先要确认统计周期，比如按天分析，则所有统计周期都需要以天为单位来分析。另外，在分析复购率时，重复购买次数不宜太过细化，一般分为 2 次、3 次、4 次及以上。

7. 留存客户数

留存客户数是指一段时期内，新增的客户中还持续使用或重复购买产品的客户。分析的时间段常为次日留存、次周留存、次月留存等。

8. 客户留存率

客户留存率是指一段时间内回访（留存）客户数占新客户数的比例。它反映的是一种转化，即由初期的不稳定客户转化为活跃客户、老客户、忠诚客户的过程。客户留存率的计算公式为：

$$客户留存率 = 留存客户数 / 新客户数 \times 100\%$$

9. 流失客户数

流失客户数是指曾经光顾店铺，但之后一段时间未访问店铺的客户数量。对于电商企业来说，通常将 3 个月或半年无购买行为的客户认定为流失客户。流失客户数通过客户最近一次访问时间与当前时间的间隔来认定，在统计时间上存在一定的滞后性。

10. 客户流失率

客户流失率是指流失客户在全部客户中的占比，反映的是店铺对客户的吸引力。客户流失率的计算公式为：

$$客户流失率 = 流失客户数 / 客户总数 \times 100\%$$

新客户比例和客户流失率可以结合在一起分析，从新客户比例分析客户增加的情况，从客户流失率分析客户减少的情况。如果新客户比例大于客户流失率，说明店铺处于发展、成长阶段；如果新客户比例与客户流失率持平，说明店铺处于成熟、稳定阶段；如果新客户比例小于客户流失率，说明店铺处于衰退阶段。

11. 平均购买次数

平均购买次数是指某个时间段内每个客户平均购买的次数，最小值为1。一般情况下，复购率高的店铺平均购买次数也高。平均购买次数计算公式为：

$$平均购买次数 = 订单总数 / 购买客户总数 \times 100\%$$

练一练

请计算 A 网店的关键指标

A网店5月份有200名独立访客，其中新访客160人，老访客40人；共有16名客户下单购买了商品，其中新客户10人，老客户6人；在之后3个月，5月份新客户中有4人再次到店购物。请计算A网店5月份活跃客户数、活跃客户率、客户留存率和客户流失率。

⊙ 任务实施

1. 实施内容

采集与预处理客户行为数据。

2. 实施要求

分析客户行为轨迹，是分析客户进入店铺到离开店铺整个过程中的行为数据，要分别从客户入口页面、客户来源路径、客户去向路径展开分析。客户浏览与收藏行为分析，是分析单位时间内客户在企业店铺的浏览量与收藏量的变化趋势。采集最近一个月的客户从不同页面进入的浏览量与收藏量数据。

3. 实施步骤

（1）全班同学自由分组，每组3～5人；小组共同制订数据采集方案，完成下表。

背景介绍	
分析目标	
数据分析指标	
数据采集渠道及工具	

（2）确定数据采集的时间范围，在 Excel 中创建客户行为数据采集表，至少包括下表中的内容。

订单创建时间	商品标题	客户行为

（3）开展评价活动，小组互评，教师点评，班级同学开展深入交流与分享。

✎ 任务评价

任务评价表

学习目标	评价项目	自我评价（30%）	组间评价（30%）	教师评价（40%）
专业知识（30分）	了解客户数据分析的概念和内容			
	熟悉客户数据分析的指标			
	掌握客户数据收集的方法			
专业能力（45分）	能制订客户数据采集方案			
	能根据具体业务选择合适的数据分析指标			
	能正确采集客户数据			
职业意识（25分）	数据分析意识			
	数据安全意识			
	诚信务实意识			
	实践创新意识			

教师建议：	评价标准：
	A. 优秀（≥80分）　　　B. 良好（70～80分）
个人努力方向：	C. 基本掌握（60～70分）　D. 没有掌握（<60分）

🎓 任务小结

留住老客户、开发新客户、锁定大客户是客户关系管理的重点。为了实现这一目标，企业必须尽可能地了解客户行为，但这种了解无法通过与客户直接接触完全获得。因为企业不可能与客户逐一交谈，并且企业所需要的信息也不是单个客户可以提供的。企业需要尽可能多地收集客户信息，借助各种分析工具和方法，从大量的信息中找出数据之间的内在规律。

任务二　客户画像的构建

任务情境

　　近年来，无论是新兴电商企业还是传统商家，都越来越认同"以客户为中心"的经营理念。这一理念要求企业既要明确客户的群体特征，又要满足客户的个性化需求。因此，企业必须对客户有全方位、多角度的了解。企业要做到这一点，就需要构建客户画像。

　　"双11"即将来临，王一迪所在的公司拟举办一场促销活动，部门负责人安排她采集客户数据并绘制客户画像，以了解客户需求、寻找潜在客户，为企业实施精准营销奠定基础。

> **思考**
> 　　什么是客户画像？如何构建和展现客户画像？

知识储备

一、认知客户画像

　　在大数据时代，客户会在互联网上留下大量的数据，企业要不断地积累这方面的数据，对数据进行一定的处理和分析，绘制出准确的客户画像，最终将客户数据以可视化的形式呈现出来，方便企业更加深入地了解客户的真实需求和实施个性化的精准营销。

（一）客户画像的概念

　　客户画像是企业收集与分析客户的社会属性、生活习惯、消费行为等各方面信息的数据后，抽象总结出来的客户商业特征。

　　客户画像并非用来描述某个具体客户，而是用来描述整个或大部分客户群体，它具有标签化、虚拟化和概括性等特征。其中，标签化是客户画像的核心特征。换句话说，构建客户画像的核心工作就是给客户贴"标签"，即通过分析客户数据，提炼出高度概括的特征标识。

（二）客户画像的作用

客户画像可以为企业提供足够的信息，能够帮助企业快速精准定位目标客户群。客户画像对企业的作用主要体现在以下方面。

1. 实现精准营销

客户画像有助于企业明确客户的基本特征，了解客户的消费行为特征，进而洞察客户的真实需求，让营销更加精准。例如，一家电影院想要提升营销推广的转化率，就可以通过研究客户画像，精准定位经常看电影的目标客户群体，并向该群体发放电影套餐优惠券，实现精准营销。

2. 优化产品和服务

企业通过客户画像分析可以进一步挖掘客户数据，以便改进产品设计、提高服务质量、扩大客户规模，同时提升现有客户的黏性。

3. 检验市场效果

企业将新产品投入市场一段时间后，要想检验它的销售效果是否达到预期，除了分析销售数据以外，还可以通过客户画像来进行判断。客户群体画像决定了企业的产品是否符合市场需求，并通过这一点来调整产品的定位。

二、构建客户画像

构建客户画像的方法有很多，电子商务企业客户画像一般采用数据 - 客户标签映射法。数据 - 客户标签映射法的优点是以海量的真实客户数据为基础，以大数据分析和可视化技术为手段，构建画像效率较高，结果更有说服力。构建客户画像的核心工作是给客户打标签，打标签的主要目的是让人能够快速理解画像特征，同时便于计算机进行处理。具体的构建流程如下。

（一）采集基础数据

用于构建客户画像的基础数据主要包括客户的静态数据（人口特征、账号特征、位置特征等）和动态数据（行为特征、心理偏好特征、社交特征等）。

针对不同的企业或者不同的产品，所需要采集的数据也不是固定的。例如，企业可以采集客户浏览广告的时间数据，以及客户访问的来源，这些都是非常有效的数据，可以帮助企业不断完善客户画像，从而采取更为合适的推广方式。

想一想

客户画像的应用场景有哪些？请举例说明。

（二）设计客户标签

客户标签可以理解为具有某种特征的客户群体的代称，为客户贴标签的目的在于帮助企业记忆、识别和查找客户。为每位客户贴上标签，企业可以更加精准地进行营销推广。

企业将采集到的客户基础数据进行清洗，通过使用分类、聚类或关联规则等方法进一步处理，得到客户的标签信息。由于客户画像可以根据企业需求从不同的维度进行分析，每个维度涉及多种客户属性，而每一种客户属性都有不同的属性值，将不同的属性值组合起来就可以构成特定的客户标签。因此，标签属性值的设计是客户标签设计的基础。就网店而言，标签属性值涉及客户的基本信息和各种偏好。部分常见的标签属性值见表6-1。

表6-1　部分常见的标签属性值

维　度	属　性	属　性　值
基本信息	性别	男、女、未知
	年龄	0～18岁、19～24岁、25～29岁、30～39岁、40～49岁、50岁及以上
	职业	个体经营者、务工人员、学生、教师、公司职员、公务员、其他
	职位	普通职员、主管、高管
	婚姻状况	已婚、未婚、离异
	地域	按省份划分、按城市划分、按地域划分
商品偏好	品质	高、中、低
	等级	高、中、低
	风格	传统、流行、时尚、个性
	款式	新款、次新款、其他
	色彩	亮色、暗色
	功能	按不同商品的功能划分
	用途	按不同商品的用途划分
	口味	酸、甜、苦、辣、咸
	材质	按不同商品的材质划分
	工艺	手工制造、机械制造
消费偏好	价格	高、中、低
	促销	特价、打折、包邮、送礼、满减、退换
	时点	上新、换季、大促、节日
购物偏好	终端	PC端、移动端
	时间	早晨、上午、中午、下午、傍晚、晚上、深夜
	平台	淘宝网、京东、苏宁易购、其他

设计客户标签的基本原则是通俗易懂、简单易记。例如，以女鞋行业中的某网店为例，为该网店设计的客户标签属性和属性值如下。

1）交流方式偏好：微信、QQ、邮箱、阿里旺旺、短信等。

2）愿意接收的推广信息：促销活动、热销推荐、会员活动、新品首发等信息。

3）购物性格：疯狂型、理智型、挑剔型、随意型。

4）促销敏感度：高、中、低。

5）评价积极性：高（主动确认收货并且发表评价信息）、中（主动确认收货但不发表评价信息）、低（系统自动确认收货、自动好评）。

6）物流偏好：顺丰、中通、韵达等。

7）职业：企业高管、公务员、教师、服务员等。

8）帮面材质：真皮、网布、绒面、织物、漆皮、弹力布、合成革等。

9）鞋头款式：圆头、尖头、方头、杏头、鱼嘴等。

10）鞋跟高：低跟、中跟、高跟等。

网店可以根据不同的分析维度，将标签属性进行个性化组合，形成所需客户标签。例如，该网店以帮面材质和鞋头款式这两个属性为基础，设计出详细的客户标签，见表6-2。

表6-2　女鞋产品客户标签

帮面材质	鞋头款式				
	圆头	尖头	方头	杏头	鱼嘴
真皮	圆头真皮	尖头真皮	方头真皮	杏头真皮	鱼嘴真皮
网布	圆头网布	尖头网布	方头网布	杏头网布	鱼嘴网布
绒面	圆头绒面	尖头绒面	方头绒面	杏头绒面	鱼嘴绒面
织物	圆头织物	尖头织物	方头织物	杏头织物	鱼嘴织物
漆皮	圆头漆皮	尖头漆皮	方头漆皮	杏头漆皮	鱼嘴漆皮
弹力布	圆头弹力布	尖头弹力布	方头弹力布	杏头弹力布	鱼嘴弹力布
合成革	圆头合成革	尖头合成革	方头合成革	杏头合成革	鱼嘴合成革

当客服人员向客户推荐商品时，可以根据客户的标签进行个性化推荐，以提高客户的满意度和交易转化率。例如，客服人员当前正在接待一位客户，客服人员查看其标签为圆头真皮，如果把网店中圆头和真皮的女鞋推荐给该客户，营销的成功率会更高。

（三）构建画像模型

企业根据需要设计不同的客户标签，主要包括客户的基本信息、行为特征、需求偏好、购买能力等维度；根据设计出的客户标签进行客户画像建模，包括人物、时间、地点、事件等要素，简单来说就是什么客户、在什么时间、在什么地点、做了什么事。

构建完客户画像模型后，用 Excel、Power BI 等可视化工具对构建客户画像进行直观的呈现，为经营者提供参考依据。

（四）丰富客户画像

经过对客户数据进行分析建模，客户画像的骨架已经基本形成。为了使客户画像更加形象、生动，还需要进一步润色和美化。丰富客户画像的具体步骤见表 6-3。

表 6-3 丰富客户画像的具体步骤

步　骤	内　容
描述关键差异	选择几个典型的特征，便于相关人员快速了解不同角色的区别
取一个名字	避免画像的名字相似或相近，同时名字最好能够让人联想到客户画像的属性。在取名字时，为每个画像创建标签，便于识别与记忆
找一张照片	尽量符合这个画像的形象
添加细节	包括个人信息（可以发挥创意，做出有根据的猜测，选择可以加强人物性格的细节，如工作、性格、爱好等）、职业和行业信息等
写个简介	根据具体细节为每个客户画像写简介
加入商业目的	希望在每个画像中实现怎样的商业价值
确定用户画像的优先级	根据项目目的来确定创建的几个客户画像的优先级，进行排序
描写场景	至少为每个画像的核心目标撰写一个场景，详细说明画像如何与产品进行交互

✓任务实施

1. 实施内容

构建并丰富客户画像。

2. 实施要求

结合本任务所学知识，根据给定的信息，设计客户标签，完成客户画像的构建和丰富，为下一步开展精准营销奠定基础。

3. 实施步骤

（1）全班同学自由分组，每组 3～5 人；根据素材及给定信息构建客户画像模型。

（2）小组进行头脑风暴，在客户画像基础模型上进行润色、美化，形成一个生动、形象的客户画像，制作PPT并进行展示汇报。

✏️ 任务评价

任务评价表

学习目标	评价项目	自我评价（30%）	组间评价（30%）	教师评价（40%）
专业知识 （30分）	了解客户画像的概念			
	熟悉客户画像的作用			
	掌握客户画像的构建方法			
专业能力 （45分）	能根据属性和属性值进行组合，设计客户标签			
	能根据企业不同的业务需求构建恰当的客户画像			
	能对客户画像进行定期更新和完善			
职业意识 （25分）	数据分析意识			
	数据安全意识			
	诚信务实意识			
	实践创新意识			
教师建议： 个人努力方向：		评价标准： A. 优秀（≥80分）　　　　B. 良好（70～80分） C. 基本掌握（60～70分）　D. 没有掌握（<60分）		

🎓 任务小结

通过构建客户画像，企业能很好地洞察客户的真实需求和潜在需求。因此，将客户画像作为真实客户的虚拟代表，可以很好地反映真实客户的实际需求。在构建客户画像的过程中，应将客户画像建立在真实数据的基础之上，考虑客户画像的优先级，定期修正客户画像，将客户画像与实际业务联系起来。总之，客户画像就像一座桥，它能跨越企业与客户之间的信息鸿沟，利用大数据手段，可以把客户错综复杂的消费行为和难以捉摸的心理状态以更加直观的方式呈现出来，让企业的决策真正做到"有理有据"。

任务三　客户画像的分析

任务情境

　　王一迪为了更好地使用客户画像，专门去了解了淘宝的"千人千面"算法。她发现，淘宝的"千人千面"是依靠其庞大的数据库构建出来的客户兴趣模型，它能从细分类目中抓取那些特征与客户的兴趣点匹配的推广商品，将商品展现在目标客户浏览的网页上，帮助商家锁定潜在客户，实现精准营销。例如，淘宝会根据客户的特征以及浏览和购买行为，同时为客户和网店贴上标签，然后设法将两者进行匹配。了解后，王一迪不禁思考：如何让网店在"千人千面"的搜索规则下得到更多的展示机会？

?　思考

　　网店的客户画像反映了客户的哪些特征？如何根据客户特征来优化经营策略？

知识储备

一、客户画像分析的维度

　　客户因受地域、年龄、性别、职业、收入、文化程度、民族等因素的影响，需求存在较大的差异，并且随着社会经济的不断发展，客户的消费习惯、消费观念、消费心理也在不断发生变化，导致客户的购买差异越来越大。因此，企业需要更加精准的定位目标客户，满足个性化需求，这就需要对客户的特征进行分析。

（一）客户性别分析

　　不同性别的客户在购买商品时的心理特征有较大差别。通常男性客户的购买行为具有较强的被动性，属于有目的购买和理性购买，选择商品时更加注重质量和性能，价格敏感度较低；同时希望能快速完成交易，不喜欢等待。而女性客户的购买行为普遍具有冲动性和灵活性，她们选择商品十分细致，购买行为易受到外界因素的影响，选择商品时更多地注重外观、质量和价格。

（二）客户地域分析

　　这是指从地域维度上分析客户，商家要弄清楚客户所在地。这样商家就可以对重点地域或重点城市展开精准营销，以提升营销效果。

（三）客户年龄分析

不同年龄段的群体有各自的消费特点，例如学生群体好奇心强，喜欢标新立异的事物；青年人购买欲望强，喜欢追逐潮流；中年人比较理性和忠诚，注重质量、服务等；老年人珍视健康，热爱养生，对新产品常持有怀疑态度。因此，商家要关注客户的年龄，熟悉和理解每个年龄段客户的消费特点，这样才能更好地满足他们的需求。

（四）客户职业分析

不同职业的客户对商品的需求差异很大，如教职工大多比较喜欢造型雅致、美观大方、色彩柔和的商品；交际和应酬比较多的公司职员，选择商品时更重视时尚感；医护人员重视健康，对商品的安全性要求比较高。

（五）客户访问时段分析

这是指从时间维度上分析客户，商家首先需要关注的是流量的高峰时段，然后是成交的高峰时段，最后是对不同终端类型的流量高峰和成交高峰展开分析。

（六）客户会员等级分析

客户会员等级是评价会员消费特征的综合指标。生意参谋基于买家过去 12 个月在淘宝的购买、互动等行为，综合计算出一个淘气值，即买家在淘宝上购买次数越多、消费金额越大、与商家互动越多，其购物信誉就越高，淘气值也越高。如果店铺客户的淘气值高，就说明店铺被更多优质买家认可。

（七）客户消费层级分析

消费层级反映的是客户半年内每次购物平均消费金额的多少，分为低、偏低、中、偏高和高 5 个层级。通过消费层级分析，商家可以判断客户的消费能力。

（八）客户购买频率分析

购买频率是指客户在一定时期内购买某种或某类商品的次数。一般来说，客户的购买行为在一定的时期内是有规律可循的。客户购买频率是商家选择目标市场、确定经营方式、制订营销策略的重要依据。

（九）客户偏好分析

客户偏好是指客户对一种商品（或者商品组合）的喜好程度。客户根据自己的意愿对可供消费的商品或商品组合进行排序，这种排序反映了客户个人的需要、兴趣和偏好。

（十）新客户占比分析

客户浏览网店的目的是想在网店找到想要的商品，所以网店销售的商品和客户体验很重要。如果网店销售的商品对客户有吸引力，再加上不错的客户体验，新客户变成老客户的概率就会上升。新客户比例越高，说明网店的推广做得越好；老客户比例越高，说明网店的黏性越强。

二、客户画像分析的方法

根据企业分析目的的不同，在进行客户画像分析时可以选取不同的分析维度，下面以 A 网店为例进行实操讲解。

实战操作　分析客户画像中的各个维度特征

　　下面将 A 网店某日产生交易行为的客户信息统计到 Excel 中，要求分析当日客户画像中的性别、地域、年龄、产品偏好、价格偏好、职业、交易终端、下单时间、订单数量等维度的特征，具体操作如下。

（一）分析客户性别

打开"客户画像维度分析"素材文件，在新工作表中创建数据透视表，将"性别"字段添加到"行"区域，将"客户名称"（或"性别"）添加到"值"区域，此时"值"区域将自动判断为以计数的方式进行汇总，如图 6-1 所示。然后插入数据透视图，为了更直观地了解客户性别的占比情况，这里选择用饼状图进行可视化，效果如图 6-2 所示。

行标签 ▼	计数项:性别
不详	9
男	17
女	34
总计	60

图 6-1　客户性别数据透视表

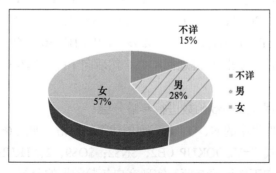

图 6-2　客户性别可视化图表

由图可知，当日该网店的客户以女性为主，男女数量差距较大，女性客户占据了当日产生交易行为的所有客户的57%。

（二）分析客户地域

参考上述操作，在新工作表中创建数据透视表，将"常住地区"字段添加到"行"区域，将"客户名称"（或"常住地区"）添加到"值"区域，此时"值"区域将自动判断为以计数的方式进行汇总，如图6-3所示。然后插入数据透视图，为了更直观地了解客户性别的占比情况，这里选择用饼状图进行可视化，效果如图6-4所示。

图6-3　客户地域数据透视表

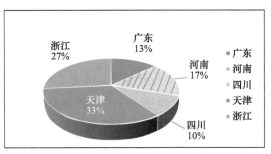

图6-4　客户地域可视化图表

由图可知，该网店的商品最受天津、浙江的客户青睐，二者的占比超过了当日产生交易行为的客户的50%。

（三）分析客户年龄

在"年龄"项目后插入新的一列，命名为"年龄分层"。这里分别采用IF函数和Vlookup函数两种方法进行年龄分层。

方法一：用IF函数进行年龄分层

在K2单元格输入公式"=IF（B2<18，'1～18岁'，IF（B2<25，'18～25岁'，IF（B2<30，'25～30岁'，IF（B2<35，'30～35岁'，IF（B2<40，'35～40岁'，IF（B2<45，'40～45岁'，IF（B2<50，'45～50岁'，'50岁以上'）)))))))"，按回车键返回结果；然后向下拖动填充柄，实现客户年龄数据的分层。

方法二：用Vlookup函数进行年龄分层

首先在工作表中的N、O、P三列创建新的表格，如图6-5所示，在C2单元格输入公式"=VLOOKUP（B2，N2：O9，2，TRUE）"，按回车键返回结果；向下拖动填充柄，实现客户年龄数据的分层。

将年龄分层之后，在新的工作表中创建数据透视表，将"年龄分层"字段添加到"行"区域，将"客户名称"（或"年龄分层"）添加到"值"区域，此时"值"区域将自动判断为以计数的方式进行汇总，如图 6-6 所示。然后插入数据透视图，进行可视化，效果如图 6-7 所示。

阈值	分组	范围
1	1~18岁	[1,18)
18	18~25岁	[18,25)
25	25~30岁	[25,30)
30	30~35岁	[30,35)
35	35~40岁	[35,40)
40	40~45岁	[40,45)
45	45~50岁	[45,50)
50	50岁以上	[50,+∞)

图 6-5　分组表格示意图

行标签	计数项:年龄分层
1~18岁	3
18~25岁	12
25~30岁	22
30~35岁	7
35~40岁	7
40~45岁	6
45~50岁	1
50岁以上	2
总计	60

图 6-6　客户年龄数据透视表

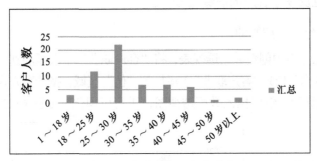

图 6-7　客户年龄可视化图表

由图可知，该网店 25 ~ 30 岁的客户人数最多，其次为 18 ~ 25 岁的。这说明网店的主要客户群为青年人，而且较大概率以职场新人为主，该客户群有一定的消费能力，喜欢尝试新鲜事物，那么网店就要针对该客户群制订恰当的营销策略以吸引他们的注意。

（四）分析客户偏好

在新工作表中创建数据透视表，将"产品名称"字段添加到"行"区域，分别将"产品名称"和"产品价格"添加到"值"区域，进行值字段设置，让"产品名称"按计数方式进行汇总，让"产品价格"按平均值方式进行汇总，如图 6-8 所示。然后创建组合图，将"产品名称"设置为柱状图，将"产品价格"设置为折线图，且设为次坐标轴，效果如图 6-9 所示。

行标签	计数项:产品名称	平均值项:产品价格（元）
产品A	26	299
产品B	12	189
产品C	8	89
产品D	3	569
产品E	7	99
产品F	4	159
总计	60	230

图 6-8　客户偏好数据透视表

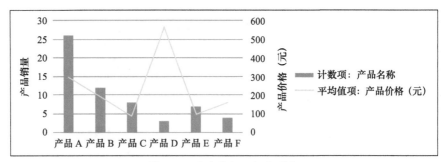

图6-9　客户偏好可视化图表

由图可知，产品A的销量最高，说明A产品最受客户欢迎；A产品的价格为299元，在各产品的价格中属于中间价位；产品A、B、C价格依次降低，销量也依次降低，这说明产品价格对客户是否购买的影响力较大，同时也反映了客户的消费能力较强。

（五）分析客户职业

在新工作表中创建数据透视表，将"客户职业"字段添加到"行"区域，将"客户名称"（或"客户职业"）添加到"值"区域，按计数方式进行汇总，如图6-10所示。然后插入数据透视图，进行可视化，如图6-11所示。

图6-10　客户职业数据
　　透视表

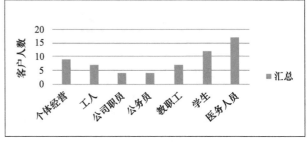

图6-11　客户职业可视化图表

由图可知，该网店的主要客户群为医务人员和学生。这是两类差异性较大的群体，可以分别针对这两类群体设计不同的营销策略和营销活动。

（六）分析客户交易终端

在新工作表中创建数据透视表，将"交易终端"字段添加到"行"区域，将"客户名称"（或"交易终端"）添加到"值"区域，按计数方式进行汇总，如图6-12所示。然后插入数据透视图，进行可视化，如图6-13所示。

图6-12　客户交易终端数据透视表

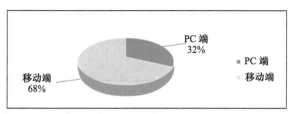

图6-13 客户交易终端可视化图表

由图可知，客户更喜欢利用移动端进行交易，这也符合目前电商行业的发展趋势。该网店可以重点针对移动端进行运营，包括开展活动、优化店铺、展示风格等，以增强移动端的吸引力和竞争力。

（七）分析客户下单时间

在新工作表中创建数据透视表，将"下单时间"字段添加到"行"区域，将"客户名称"（或"下单时间"）添加到"值"区域，按计数方式进行汇总，如图6-14所示。然后插入数据透视图，进行可视化，如图6-15所示。

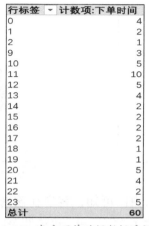

行标签	计数项:下单时间
0	4
1	2
2	1
9	3
10	5
11	10
12	5
13	4
14	2
15	2
16	2
17	2
18	1
19	1
20	5
21	4
22	2
23	5
总计	60

图6-14 客户下单时间数据透视表

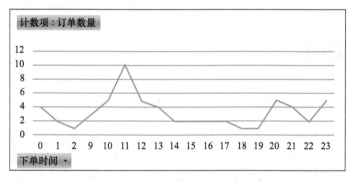

图6-15 客户下单时间可视化图表

由图可知，客户在该网店的热门下单时间为上午11点，其余下单时间分布相对较为平均，该网店可以考虑在热门时段前加大新品的推广和营销力度。

（八）分析客户订单数量

在新工作表中创建数据透视表，将"订单数量"字段添加到"行"区域，将"客户名称"（或"订单数量"）添加到"值"区域，按计数方式进行汇总，如图 6-16 所示。然后插入数据透视图，进行可视化，如图 6-17 所示。

行标签	计数项:订单数量
1	57
2	3
总计	60

图 6-16　客户订单数量数据透视表

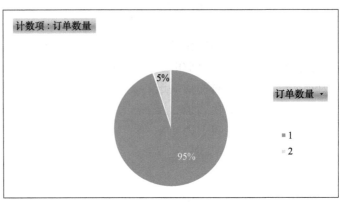

图 6-17　客户订单数量可视化图表

由图可知，客户在该网店的订单数量基本为 1 笔，只有 5% 的客户产生了 2 笔订单。这说明该网店的商品促使客户同时产生多笔订单较难，网店应该加强对客户的引导，在价格和优惠上有所侧重，增加交易订单数量。

✅ 任务实施

1. 实施内容

根据客户画像的特征分析，制订精准营销的策略。

2. 实施要求

假设你现在是一位计算机销售商家，已知客户画像部分信息，请问你应该给该客户群推荐什么样的计算机？请上网搜集相关资料，深入了解客户需求，提出精准营销的策略和建议。

3. 实施步骤

（1）全班同学自由分组，每组 3 ~ 5 人；小组成员进行头脑风暴，提出对策和建议。小组成员要有思辨意识，对于策略的可行性、合理性进行整体把控。

（2）以小组为单位制作 PPT 并进行汇报，小组互评，教师点评，全班同学开展深入交流与分享。

任务评价

任务评价表

学习目标	评价项目	自我评价（30%）	组间评价（30%）	教师评价（40%）
专业知识 （30分）	了解客户画像的分析维度			
	掌握客户画像的分析方法			
专业能力 （45分）	能根据企业分析目的选取恰当的维度进行客户画像分析			
	能根据客户画像的分析情况提出精准营销的策略			
职业意识 （25分）	数据分析意识			
	数据安全意识			
	诚信务实意识			
	实践创新意识			
教师建议： 个人努力方向：	评价标准： A. 优秀（≥80分）　　B. 良好（70～80分） C. 基本掌握（60～70分）　D. 没有掌握（<60分）			

任务小结

　　数据是数字经济发展的关键要素，其在不同应用场景间的流动为数字经济持续健康发展提供了强劲动力。客户画像分析是实现精准营销的重要手段，能够帮助企业深入了解目标客户、精准定位目标市场，精准投放广告、提供个性化的产品和服务、提升营销转化，从而实现客户全生命周期的精细化运营。

同步测试

一、单项选择题

1. 下列可以反映客户对品牌忠诚度的数据指标的是（　　）。
    A. 复购率
    B. 新客户数量
    C. 最近一次购买时间
    D. 消费金额

2. 将客户分为华北客户群、西北客户群、东南客户群等，是（　　）划分。
    A. 按购买地域划分
    B. 按购买数量划分
    C. 按购买状态划分
    D. 按购买行为划分

3. 下列数据指标中不属于客户行为数据的是（　　）。
    A. 购买时间
    B. 浏览路径
    C. 支付金额
    D. 收货地址

4. 下列属于客户动态属性标签的是（　　）。
    A. 性别
    B. 婚恋情况
    C. 活跃度
    D. 出生日期

5. 客户行为分析是对客户在选择、购买、使用、评价、处理产品或服务过程中产生的数据进行分析，以下哪个指标不属于行为分析的主要指标（　　）。
    A. 访问频率
    B. 销售额
    C. 成交订单数
    D. 客单价

6. 将客户分为新客户、活跃客户、流失客户等，是（　　）划分。
    A. 按购买地域划分
    B. 按购买数量划分
    C. 按购买状态划分
    D. 按购买行为划分

7. 某淘宝店铺准备分析某商品一段时间内的复购率，需要采集的数据指标不包含（　　）。
    A. 买家客户名
    B. 商品交易笔数
    C. 客户支付金额
    D. 下单时间

8. 客户分析是企业通过对客户属性、客户设备属性、客户流量属性、客户行为属性等因素进行分析后得到的结论，那么下列不属于客户属性因素的是（　　）。
    A. 年龄
    B. 性别
    C. 职业
    D. 常用设备

9. 以下不属于客户指标的是（　　）。
    A. 购买时间
    B. 客户地域
    C. 支付金额
    D. 评价

10. 某网店经营化妆品销售，近期，该网店的客户总数为200人，其中30人重复购买，这30人中有18人重复购买1次（即共购买2次），有12人重复购买2次（即共购买3次），那么按交易次数计算，近期该网店的复购率是（　　）。
    A. 21%
    B. 18%
    C. 15%
    D. 30%

二、多项选择题

1. 属于客户运营指标体系的是（　　）。
    A. 收入
    B. 流失客户
    C. 登录客户
    D. 新注册客户

2. 下列选项中，哪些做法的目的是增加复购率（　　　　）。

    A. 会员等级折扣　　　　　　　　　　B. 首单免费

    C. 新客立减　　　　　　　　　　　　D. 积分换购

3. 电商数据化运营可以帮助企业洞悉客户，具体表现在（　　　　）。

    A. 客户关注什么　　　　　　　　　　B. 客户的姓名、收入、爱好等

    C. 了解客户从哪些渠道进来　　　　　D. 客户是新关注的还是老客户

4. 目标客户是指有意愿购买产品或服务，并且有购买能力的客户。目标客户分析包括（　　　　）。

    A. 目标客户年龄分析　　　　　　　　B. 目标客户职业分析

    C. 目标客户地域分析　　　　　　　　D. 目标客户性别分析

5. 下面哪些属于客户画像数据指标（　　　　）。

    A. 客户性别　　　　　　　　　　　　B. 客户年龄

    C. 客户地址　　　　　　　　　　　　D. 客户购物时间偏好

三、判断题

1. 客户画像的构建流程大致分为：基础数据收集、分析建模和客户画像呈现。（　　）

2. 一定时期内，客户对某品牌产品的重复购买次数越少，说明客户对该品牌的忠诚度越高。（　　）

3. 拥有不同标签的客户特征不同，企业可以采用不同的营销方式进行精准营销。（　　）

4. 通过淘宝客户运营平台或专门的 CRM 会员管理软件能够获取会员的昵称、姓名、地址数据。（　　）

5. 目标客户确认是电商企业营销及销售的前提，明确了目标客户的各项属性，有助于进一步开展具有针对性的营销活动。（　　）

6. 某网店准备分析一段时间内的全店转化率，需要采集的数据指标有该段时间内的店铺访客数及成交访客数。（　　）

7. 客户分析是对企业的目标受众群体、实际交易客户群体、潜在客户群体等进行分析。（　　）

8. 客户的性别、年龄、地址、品牌偏好、购物时间偏好、位置偏好、商品评价偏好等属于客户的行为数据。（　　）

9. 电子商务网站的会员一定是购买商品的顾客。（　　）

10. 客户关系管理软件只能用于客户管理，不能用于数据分析。（　　）

11. 对于那些浏览了店铺商品却没有购买的客户，虽然他们暂未给店铺带来价值，但是对于这类群体进行数据分析依然很重要。（　　）

12. 利用客户数据信息，商家可以了解到每一个客户的购物行为，通过对这些客户行为的分析可以了解客户的真正需求。（　　）

13. 商家进行客户分析后，可以通过主观判断和经验来进行决策。（　　）

14. 对企业有重要贡献的客户，也是企业最想维护的客户。企业应将这些客户的清单发放到各个部门，以便这些客户能享受到企业的优惠产品和服务。　　　　　　　　　（　　）

15. 对客户的购买行为特征进行分析，目的是了解客户购买行为、购买喜好。（　　）

四、简答题

1. 客户画像分析的维度有哪些？

2. 分析客户行为时涉及的指标主要有哪些？

五、案例分析题

某网店经营服装产品，位于江苏，店铺主管准备完善产品布局，开发上架一批新产品，因此决定进行客户数据分析，用分析结果指导新产品开发方向。该网店上个月的部分客户数据汇总如下。

1. 性别

搜索人群：女性占 52%，男性占 48%。

访问人群：女性占 46%，男性占 54%。

支付人群：女性占 43%，男性占 57%。

2. 年龄

搜索人群：18～35 岁占 77%，36～50 岁占 21%。

访问人群：18～35 岁占 73%，36～50 岁占 18%。

支付人群：18～35 岁占 65%，36～50 岁占 10%。

3. 新老客户

搜索人群：新客户占 95% 以上。

访问人群：新客户占 90% 以上。

支付人群：新客户占 69%，老客户占 31%（行业优秀店铺老客户占比均值为 20%）。

4. 产品偏好

搜索人群：睡衣占 29%，袜子占 15%，背心占 11%，家居服占 8%。

访问人群：睡衣为 23%，其余访问人群与搜索人群基本一致。

支付人群：睡衣占 22%，袜子占 14%，背心占 15%，家居服占 9%。

5. 地域分布

搜索人群：江苏占 27%，之后为山东、浙江、河南、福建、河北。

访问人群：与搜索人群基本一致。

支付人群：集中在江苏，其次为山东和浙江，其余省份占比较小。

案例思考：

1. 结合本项目所学内容，帮助案例中的网店进行客户画像分析。

2. 为该网店完善产品布局和新产品开发上架提出合理化建议。

项目七

客户服务质量管理

项目简介

本项目主要介绍客户服务质量、客户满意度及度量模型、客户忠诚及影响因素等内容。

学习目标

知识目标：

○ 了解客户服务质量的特性和测量维度，了解客户满意度模型。

○ 了解客户忠诚及其影响因素。

○ 理解客户服务质量差距产生的原因，理解客户满意度的概念。

○ 掌握提高客户满意度的意义，掌握提高客户忠诚度的途径。

能力目标：

○ 能正确认识提升客户服务质量的重要性，能解释客户服务质量的概念及特征。

○ 能结合服务质量差距相关理论诊断和解决服务质量问题。

○ 能运用所学知识结合企业实际调查客户满意度，制订客户满意策略的实施方案。

○ 能运用客户忠诚度的策略来维系客户。

素质目标：

○ 培养学生良好的职业道德和遵纪守法意识。

○ 具备团队协作能力、语言表达能力、问题分析能力和归纳总结能力等基本素养。

○ 培养学生热爱劳动、爱岗敬业的精神，具有敢于担当、积极进取的工作态度，强化服务意识，树立正确的从业心态。

任务一　认知客户服务质量

◎ 任务情境

经过不懈努力，王一迪已经晋升为客服部主管。但是，随着业务量的逐步增加，企业用人需求不断扩大，加之客服岗位人员的不稳定性，客户对客户服务的满意度有明显下降趋势。王一迪通过调研分析，主要原因有以下几点：①工作流程烦琐，分工不明确；②员工自身业务技能不够熟练；③应对投诉问题不及时；④缺乏有效的绩效评价体系。接下来一段时间，王一迪要在提升客户服务质量上多花一些心思了。

❓思考
　　服务质量受哪些因素的影响？

📋 知识储备

一、认知客户服务质量

（一）客户服务质量的概念

在服务竞争日益激烈的今天，客户服务质量的高低是决定企业能否赢得客户信任的关键因素。客户服务质量是指服务能够满足规定和潜在客户需求的特征和特性的总和，即服务工作能够满足客户需求的程度。客户服务质量是企业为使目标客户满意而提供的最低服务水平，也是企业保持这一预定服务水平的连贯性程度。

1. 目标客户

目标客户是指那些由于他们的期望或需要而要求得到一定水平服务的人。随着经济的发展和市场的日益成熟，市场划分越来越细，使得每项服务都要面对不同的需求。企业应当根据每一项产品和服务选择不同的目标客户。客户需求的多样性要求企业提供的服务也要具备多样性。

2. 服务水平

服务水平是一个相对的概念，是相对于满足目标客户的期望而言的。只要服务满足了目标客户的期望，就可以认为服务质量达到了合格水平。

3. 连贯性

连贯性是服务质量的基本要素之一，它要求服务提供者在任何时候、任何地方都保持同样的服务水平。

（二）客户服务质量的内容与特性

1. 客户服务质量的内容

客户服务质量包括结果质量和过程质量两个方面。

（1）结果质量，又称技术质量，指的是客户在服务过程结束后的"所得"。由于技术质量涉及的是技术方面的有形内容，故客户容易感知且评价比较客观。由于服务创新不能通过专利来保护，一种新的服务一旦问世，很快就会被模仿，因此在服务业建立技术优势比制造业更难。

（2）过程质量，又称功能质量，指的是企业如何提供服务以及客户是如何得到服务的，涉及客服人员的仪表仪态、服务态度、服务方法、服务程序、服务行为方式等。相比之下，过程质量更具有无形的特点，因此很难做出客观评价，在过程质量评价中客户的主观感受占据主导地位。企业应把建立竞争优势定位于服务的过程质量而不是结果质量方面。

2. 客户服务质量的特性

要真正了解和重视服务质量，就必须了解服务质量的特性。根据美国学者贝里提出的服务质量模型，服务质量具有五个主要特性。

（1）有形性。有形性是指客服人员的仪容仪表以及服务现场的设施、设备、宣传标志等。由于服务的本质是一种行为过程，而不是某种实物形态，因而具有不可感知的特征。因此，客户正是借助这些有形的、可见的部分来把握服务的实质。

（2）可靠性。可靠性是指服务提供者准确、无误、一致地完成所承诺的服务。客户认可的可靠性是最重要的质量指标，它与核心服务密切相关。许多以优质服务著称的服务企业，正是通过强化可靠性来建立自己的声誉。

（3）反应性。反应性是指反应能力，即随时准备为客户提供快捷、有效的服务。对客户的各项要求能否予以及时满足，表明企业的服务导向，即是否把客户利益放在第一位。

（4）保证性。保证性是指客服人员良好的服务态度和胜任服务工作的能力，增强客户对企业服务质量的信心和安全感。客服人员具备足够的专业知识，掌握相应的服务技能，能够胜任服务工作，会使客户对企业及其提供的产品产生信心，并对获得满意的服务感到愉快。

（5）关怀性。关怀性是指企业和客服人员能设身处地为客户着想，努力满足客户的要求。这要求客服人员具备换位思考意识，想客户之所想，急客户之所需，了解客户的实际需要，使服务过程充满人情味。这便是关怀性的体现。

> **做一做**
> 挑选一家你比较熟悉的企业，分析其服务质量是如何体现的。

某星级酒店服务质量自查表

特　征	项　目
1. 有形性	（1）有免费的停车场及吸引人的外观 （2）有吸引人的用餐区 （3）客服人员穿着整齐 （4）装潢与餐厅形象、价格相匹配 （5）菜单清晰，顾客易理解 （6）菜单能显示出餐厅的主题特色 （7）有舒适开阔的用餐场所 （8）洗手间非常整洁 （9）有舒适的用餐区 （10）座位舒适
2. 可靠性	（1）准时提供服务 （2）迅速更正错误 （3）服务人员值得信赖 （4）提供正确的账单 （5）正确提供客人所点餐食
3. 反应性	（1）忙碌时员工能互相支持，保证服务质量 （2）提供迅速的服务 （3）尽量满足顾客的额外或特殊需求
4. 保证性	（1）员工能清晰解答顾客的问题 （2）能让顾客感到自在与安心 （3）员工乐意介绍菜单内容及烹调方式 （4）使顾客感到安全 （5）员工经过训练且经验丰富 （6）餐厅给予员工足够的支持有利于工作完成
5. 关怀性	（1）员工不会固守公司规定而忽略顾客的个性化需求 （2）使顾客有宾至如归的感觉 （3）员工会预先考虑顾客的感受 （4）当顾客有问题时，员工会有耐心地想办法解决 （5）重视顾客的满意度

二、客户服务质量差距

在服务过程中，由于涉及多个主体的复杂性，使服务往往难以充分表达和有效贯彻实施，从而造成服务过程中的种种差距，并影响服务质量。服务质量的差距主要有以下几种（见图7-1）。

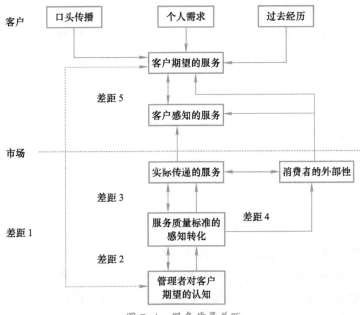

图 7-1　服务质量差距

1. 客户期望与管理者对客户期望的认知之间的差距

服务提供者并非总能理解客户需要什么样的服务、什么样的服务水平是必要的，以及客户期望企业以什么样的途径提供服务等。

这种差距产生的原因有：对市场研究和需求分析不准确，对期望的解释信息不准确，从企业与客户联系的层次向管理者传递的信息失真或丧失，臃肿的组织层次阻碍或改变了在客户联系中产生的信息。

2. 管理者对客户期望的认知与服务质量标准之间的差距

企业管理者试图满足甚至超越客户的期望，这常常很困难，因为会受到多种因素的限制，如资源有限、短期行为、管理不当等。这些因素使管理者对客户期望的认知无法充分落实到所制订的具体服务质量标准上，从而引起管理者对客户期望的认知与服务质量标准之间的差距。其具体影响因素包括：管理人员不重视服务质量；管理人员缺少应有的职业知识，致使在设计服务质量标准时出现失误；服务质量管理工作不到位。

在服务竞争中，客户感知的服务质量是成功的关键因素，因此在管理清单上把服务质量排在前列是非常必要的。

3. 服务质量标准与实际传递的服务之间的差距

企业向客户传递服务时，企业实际提供的服务并不一定能完全与服务质量标准规定的一致，由此产生服务质量标准与实际传递的服务之间的差距。导致这一差距产生的因素有以下几个：服务质量标准过于复杂或苛刻、服务人员对服务质量标准的理解存在偏差、服务质量标准与现有的企业文化发生冲突、服务管理混乱、服务技术和系统没有按照服务质量标准的要求为工作提供便利。

4. 实际传递的服务与客户感知的服务之间的差距

客户感知的服务与企业实际提供的服务并不完全一样，这是因为客户的感受受事先对服务抱有的期望的影响，而客户期望的形成与企业的广告宣传等外部沟通密切相关。若企业的宣传有夸大的倾向，客户期望就会过高，其感受到的服务水平也会偏离实际。

5. 客户感知的服务与客户期望的服务之间的差距

服务质量的高低取决于服务传递过程中自然产生的以上四种差距。差距越小，表明传递越充分，与客户期望的差距越小，服务质量也就越高。这四种差距在服务传递过程中渐次产生并逐渐累加，最终将体现为第五种差距，即客户感知的服务与客户期望的服务之间的差距，也就是服务质量的高低。

三、缩短服务质量差距的方法

企业明确了服务质量差距产生的原因之后，就可以根据一定的程序和步骤认真检讨和不断改进来缩短服务质量差距。消除服务质量差距的方法见表7-1。

表7-1 消除服务质量差距的方法

方　法	检讨和改进内容
1. 消除"诊断"差距	（1）我们的客户是谁，我们了解他们的期望吗？ （2）我们推出的每一项服务都是客户所期望的并且是重要的吗？ （3）我们通过何种渠道收集客户信息，员工收集客户信息能获得奖励吗？ （4）我们做过定期的客户满意度调查吗？这是哪个部门的职能？ （5）我们真的欢迎客户投诉吗？如何证明？ （6）我们是否做到以客户交易的便利性、信息传递的快速性来改进企业的组织结构，保证客户信息的快速获取和反应？
2. 减少"处方"差距	（1）企业的服务理念是什么？它的标准化解释是什么？ （2）企业的服务理念被大多数员工所接受吗？ （3）各工作岗位的服务探索有进行规范化和标准化的规定吗？这些规定科学吗？ （4）企业的服务设计是从客户角度来进行的，还是从企业角度来进行的？ （5）设计的服务规范是否与客户期望和服务理念一致？它们会相互矛盾吗？ （6）每一个岗位都有科学的服务规范和要求吗？信息与流程畅通吗？

（续）

方　法	检讨和改进内容
3. 降低"药房"差距	（1）避免服务标准过于复杂或苛刻 （2）避免服务理念过于抽象的表达，以至于员工难以理解或产生歧义 （3）重视员工培训，增强员工服务技能水平 （4）对服务执行工作进行全面的实时监控，发现问题立即解决 （5）建立先进的信息技术管理系统，保证管理的高效性 （6）建立以客户为导向的企业文化
4. 避免"疗效"差距	（1）保持营销传播（沟通）与服务生产的一致性 （2）加强营销活动与服务生产的协作和内部沟通 （3）避免承诺过高或承诺太多，避免承诺的随意性

✅ 任务实施

1. 实施内容

企业客户服务质量提升研究。

2. 实施要求

根据本任务所学知识，选择国内或区域内知名企业开展调研，以实地走访或互联网调研的方式，了解该企业在提升客户服务质量方面采取的措施，分析其在客户服务质量方面存在的问题、解决措施及取得效果。

3. 实施步骤

（1）全班同学自由分组，每组 3～5 人；小组选择一个企业或一个品牌，通过实地走访或互联网收集资料。

（2）分析该企业在提升客户服务质量方面采取的措施，对其产生的效果进行评价。

（3）以小组为单位制作 PPT 并进行汇报，小组互评，教师点评，全班同学开展交流分享。

✏️ 任务评价

任务评价表

学习目标	评价项目	自我评价（30%）	组间评价（30%）	教师评价（40%）
专业知识 （30分）	了解客户服务质量的概念和测量维度			
	理解客户服务质量差距			
专业能力 （45分）	认识提高客户服务质量的重要性			
	能运用服务质量差距知识诊断和解决服务质量问题			
	根据企业实际分析提升服务质量的路径			

（续）

学习目标	评 价 项 目	自我评价（30%）	组间评价（30%）	教师评价（40%）
职业意识 （25分）	责任意识			
	团队合作意识			
	服务意识			
	实践创新意识			
教师建议： 个人努力方向：		评价标准： A. 优秀（≥80分）　　　B. 良好（70～80分） C. 基本掌握（60～70分）　D. 没有掌握（<60分）		

任务小结

对于企业来说，在如今市场经济环境中，消费结构逐渐升级，服务逐渐占据主导地位，服务理念建设越来越成为企业管理中不可或缺的一部分，甚至在一定程度上代表了企业的综合实力。在这样的市场环境中，企业着力于向客户提供个性化服务，在"服务质量"上追求差异化，由此增加产品的独特附加价值，有助于拉开企业之间的差距。企业通过提升服务质量，在新客户群体中建立良好的印象，由此来与竞争对手抢占新客户；同时做好存量客户关系的经营与维护，促进企业经济效益增长。

任务二　客户满意度及度量模型

任务情境

随着科技的进步，人们对网络购物体验的要求越来越高。客户满意度是电商销售额的重要影响因素之一，直接影响客户的再次购买率以及新客户的增加。目前，越来越多的企业已经将客户满意度列入企业重大战略目标。经过一段时间的工作，王一迪发现，客户服务部门内部的管理、业务流程、创新等无不围绕着客户满意度展开。然而，业务流程更新较快，各个部门的衔接又不算顺畅，新流程在执行过程中标准不一的情况时有发生。这不仅会给客户带来不好的购物体验，也会使企业面临客户流失的风险。虽然客服部门在为提升客户满意度不断努力，但由于客户满意度的评价指标体系不够完善，提升客户满意度的措施往往没有针对性。你能帮帮王一迪吗？

思考

如今客户满意度的评价，是用粗略的几个指标便能很好地度量的吗？

一、认知客户满意度

（一）客户满意度的概念

客户满意度是指客户满意的程度，是客户在购买和消费相应的产品或服务后所获得的不同程度的满足状态。在客户满意度管理中，要想进行客户满意科学管理，必须建立客户满意级度来衡量客户满意的不同状态，以便制订相应的营销策略。

（二）客户满意度的分类

如前所述，客户满意度是一种心理状态，是一种自我体验。企业需要对客户的这种心理状态进行界定，否则就无法对客户满意度进行评价。心理学家认为，情感体验可以按梯级理论划分成若干层次，相应地可以把客户满意程度分成 7 个级度。

1. 非常满意

特征：激动、满足和感谢。非常满意是指客户在购买与消费某种产品或服务后形成的激动、满足和感谢状态。这时，客户不仅会充分肯定自己的购买决策和消费行为，还会利用一切可能的机会向其他人宣传、介绍和推荐这种产品或服务。

2. 很满意

特征：称心、赞扬和愉快。很满意是指客户在购买和消费某种产品或服务后产生的称心、赞扬和愉快状态。在这种状态下，客户不仅对自己的选择予以肯定，还会乐于向其他人推荐，期望与现实基本相符。

3. 较为满意

特征：好感、肯定和赞许。较为满意是指客户在购买和消费某种产品或服务后所形成的好感、肯定和赞许状态。在这种状态下，客户在心理上通过比较获得满足感，虽然比更高的要求还差了一些，但是与一般情况相比，又令人欣慰。

4. 一般

特征：无明显正面、负面情绪。一般是指客户在购买和消费某种产品或服务后所产生的没有明显情绪变化的状态。在这种状态下，客户既没有不满意的情绪，也没有满意的感觉。客户只是完成了购买和消费的过程而已。

5. 较不满意

特征：抱怨、遗憾。较不满意是指客户在购买和消费某种产品或服务后产生的抱怨、遗憾状态。这种状态的产生是由于产品或服务的某个非主要构成因素的缺陷或不足导致的，虽对购买行为和消费行为没有带来较大的损失或伤害，但使客户在心理上产生了不太满意的感觉，以后他们不会再购买和消费这种产品或服务了。

6. 很不满意

特征：气愤、烦恼。很不满意是指客户在购买和消费某种产品或服务后，由于物质效用和精神需要都没能得到基本满足而产生的气愤、烦恼状态。在这种状态下，客户希望通过某种方式获得物质上或精神上的补偿。在适当的时候，他们也会进行反面宣传，提醒其他人不要去购买同样的商品或服务。

7. 非常不满意

特征：愤慨、恼怒、投诉和反面宣传。非常不满意是指客户在购买和消费某种产品或服务后，由于产品或服务的质量低劣、数量短少或价格欺诈等给客户造成物质和精神上的损失或伤害而产生的愤慨、恼怒和难以容忍等心理状态。在这种状态下，客户一方面积极寻求物质和精神上的补偿；另一方面则会进行投诉并利用一切机会对这种产品或服务进行反面宣传，甚至阻止他人购买这种产品或服务，以发泄心中的不满。

> ✍ 做一做
>
> 你在日常生活中有没有遇到过不满意的客户服务行为？请把你想到的应对方式写在横线上。
>
> _____
> _____
> _____
> _____

● 教学案例

"打造高品质服务"是数字经济时代中国联通对人民美好信息通信生活的庄严承诺。2021 年以来，为全面贯彻公司新定位、新战略，中国联通制订并启动实施"高品质服务行动计划"，通过健全大服务体系，全力打造"高效、敏捷、透明、创新、智慧"的差异化服务体验。客户服务工作是最先掌握客户痛点和感知的环节，是服务客户的起点，也是帮助客户解决问题的终点。目前，中国联通客服中心通过建立客户档案、跟踪问题解决进度、告知客户处理结果，形成了整个客户服务的闭环，做到让客户真正满意。

二、影响客户满意度的因素

影响客户满意的因素是多方面的，涉及企业、产品、营销与服务体系、企业与客户的沟通、客户关怀、客户期望值等各种因素。企业要达到客户的高度满意，必须使所有的环节和部门都能够为客户创造超出其期望值的价值。影响客户满意的因素可归结为以下六个方面。

（一）企业因素

企业是产品与服务的提供者，客户对企业和企业产品的了解，首先来自于企业在公众当中的形象、企业规模、企业效益和公众舆论等内部和外部因素。当客户计划购买产品或服务时，他们会非常关心购买什么样的产品、购买哪家的产品，这时企业的形象就起到了很大的决定作用。

（二）产品因素

产品的整体概念包括三个层次，即核心产品层、有形产品层和附加产品层。核心产品层是指客户购买产品时所追求的基本效用或利益，这是产品最基本的层次，是满足客户需求的核心内容；有形产品层是指构成产品形态的内容，包括品种、样式、品质、品牌和包装等；附加产品层是指客户在购买产品时所获得的全部附加服务或利益。

（三）营销与服务体系

现代市场竞争不仅在于生产和销售什么产品，还在于提供什么样的附加服务和价值。企业竞争的焦点已经转移到服务方面，企业的营销与服务体系是否有效、简洁，是否能为客户带来方便，售后服务时间长短，服务人员的态度、响应时间，投诉与咨询的便捷性，服务环境、秩序、效率、设施和服务流程等都与客户满意度有直接关系。

（四）沟通因素

企业与客户的良好沟通是提高客户满意度的重要因素。很多情况下，客户对产品性能不了解，易造成使用不当，需要企业提供咨询服务；客户因为质量、服务中存在的问题要向企业投诉，与企业联系如果缺乏必要的渠道或渠道不畅，容易使客户不满意。我国消费者协会公布的有关数据表明，客户抱怨主要集中在质量、服务方面，而涉及价格、性能的较少。

（五）客户关怀

客户关怀是指不论客户是否咨询、投诉，企业都主动与客户联系，对产品、服务等方面可能存在的问题主动向客户征求意见，帮助客户解决以前并未提出的问题，倾听客户的抱怨、建议。客户关怀能大幅度提高客户满意度，增加客户黏性。但客户关怀不能太频繁，否则会造成客户反感，适得其反。

（六）客户的期望值

客户的期望越高，想要让客户满意的难度就越高，这对企业在实现客户预期上提出了更高的要求。

三、客户满意度度量模型

影响客户满意度的因素很多，许多学者从不同的角度对此进行了研究，其中客户满意的四分图模型、层次分析法模型和客户满意度指数模型、服务质量模型和卡诺模型是典型的分析模型。

（一）四分图模型

四分图模型如图 7-2 所示。

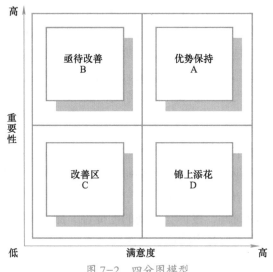

图 7-2　四分图模型

四分图模型属于偏定性研究的诊断模型。它列出企业产品和服务的所有绩效指标，每个绩效指标有重要性和满意度两个属性，根据客户对该绩效指标的重要程度及满意程度的打分，将影响企业满意度的各个因素归进四个象限内，企业可按归类结果对这些因素分别进行处理。如果企业需要，还可以汇总得到一个企业整体的客户满意度值。

优点：四分图模型目前在国内应用很广，国内大多数企业在做客户满意度调查时均采用该模型。这个模型简单明了，分析方便有效，而且不需要应用太多的数学工具和手段，无论是设计、调研，还是分析整理数据，都易于掌握，便于操作。

不足：问卷需要对每个指标进行重要性和满意度两方面的评价，这样问卷长度必然增加，容易造成受访者视觉和心理的疲劳，很难保证评价的客观性。它孤立地研究满意度，没有考虑客户感知和客户期望对满意度的影响，也没有研究满意度对客户购买后的行为的影响。在实际操作中，该模型列出各种详细的绩效指标由客户来评价指标得分，这就可能让许多客户重视，但调查人员和企业没有考虑到的因素未能包含在调查表中。由于该模型不考虑误差，仅由各指标得分加权平均算出客户满意度的数值，得出的数据不一定准确，同时也不利于企业发现和解决问题。

（二）层次分析法模型

层次分析法模型简单来说，就是将大指标拆成小指标，小指标拆分为可以相对方便的测量到的细微指标。层次分析法模型如图 7-3 所示。

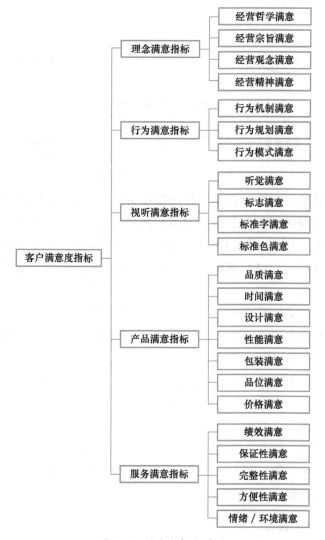

图 7-3 层次分析法模型

优点：简单灵活，可操作性强，适用范围广。它比四分图模型更能定量描述具体指标的满意度和总体满意度，各指标的重要程度由专家打分的判断矩阵计算得出，从而避免了各指标都重要或都不重要的尴尬。

不足：孤立地研究客户满意度；不考虑误差项和主观愿望的影响，仅根据客户的计分计算出一个精确的满意度数值；仅适用于具体企业，在企业层面上运作有效，无法进行宏观层面上跨行业、跨地域的比较。企业在实际运作过程中，可结合本企业的实际情况增减指标个数或层次。

（三）客户满意度指数模型

客户满意度指数模型如图 7-4 所示。

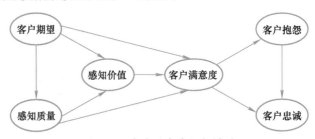

图 7-4　客户满意度指数模型

客户满意度指数模型是一种衡量经济产出质量的宏观指标，是以产品和服务消费的过程为基础，对客户满意度水平的综合评价指数，由国家整体满意度指数、部门满意度指数、行业满意度指数和企业满意度指数 4 个层次构成，是目前体系较为完整、应用效果较好的客户满意度理论模型。

优点：在实际调研时，客户满意度指数模型用较少的样本，就可以得到一个企业较为准确的客户满意度。客户满意度指数模型最大的优势是可以进行跨行业的比较，同时能进行纵向跨时间段的比较。

不足：由于其建立的目的是为了监测宏观的经济运行情况，主要考虑的是跨行业与跨产业部门的客户满意度比较，而不是针对具体企业的诊断指导，它的调查也不涉及企业产品或服务的具体绩效指标，企业即使知道客户满意度低，也无法确定具体是生产或服务的哪个环节造成的，应该从哪一方面着手改善；更不知道客户最需要的是什么、最重视的是什么。因此，该模型具有一定的局限性。

（四）卡诺模型

卡诺模型如图 7-5 所示。

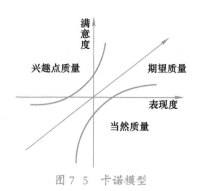

图7-5 卡诺模型

卡诺模型多被用于新产品满意度的测量。

当然质量是指产品或服务应当具有的最基本的质量特性，客户通常认为具有这种特性是理所当然的事情，往往对它不做明确表达。

期望质量是指客户对产品或服务质量的具体要求，它的实现程度与客户满意水平同步增长。

兴趣点质量是指能激发客户进一步满意的附加质量，是属于客户预期质量之外的部分。产品或服务缺乏兴趣点质量并不会导致客户产生不满意，然而具有兴趣点质量则会带来客户满意度的大幅上升。

四、追求客户满意的意义

一般而言，客户满意是客户对企业和员工提供的产品或服务的直接性综合评价，是客户对企业、产品、服务和员工的认可。因而，对企业来说，客户满意具有十分重要的意义。

1. 客户满意是企业竞争的重要武器

互联网的快速发展，使得市场竞争进一步加剧，客户有了更多的信息来源渠道，消费选择的空间也越来越多。在竞争中，谁能更有效地满足客户需求、让客户满意，谁就能取得竞争优势，从而战胜竞争对手。

2. 客户满意是企业成功的必要条件

客户满意是企业获得经营效益的基础。一般来说，客户满意与企业盈利之间具有明显的正相关关系。客户只有对自己以往的购买经历、体验感到满意，才有可能重复购买同一家企业的产品或服务。

3. 客户满意是客户忠诚的基本条件

从客户的角度来讲，曾经带给客户满意经历的企业意味着可能继续使其满意，同时也降低了客户再次消费的风险和不确定性。因此，企业如果能够在第一次让客户满意，就很可能再次得到客户的青睐。只有让客户满意，他们才可能成为忠诚客户；只有持续让客户满意，客户的忠诚度才能进一步得到提高。可见，客户满意是客户忠诚的基本条件。

总之，客户总是希望获得最多的产品价值、服务价值、人员价值、形象价值，同时又希望把货币成本、时间成本、精神成本、体力成本降到最低。只有这样，客户的感知价值才会最高。

五、提高客户满意度的有效途径

要真正使客户对所购商品或服务满意，期待客户能够在未来继续购买，企业可以通过以下途径提高客户满意度。

1. 塑造"以客为尊"的经营理念

以客为尊，首先要做到的以客为本。"本"是服务工作的出发点、落脚点，也是目标和归宿。企业不仅要提倡和展示"以客为尊"这一工作理念，更应用实际工作行动来完美诠释"顾客至上"的人本服务精神。服务工作在坚持秉承"满意服务高于一切"的宗旨前提下，需要服务人员根据变化的环境来提供适应现实需要的个性化服务。用心将优质服务贯穿于服务的全过程，以客户需求为目标，以客户满意为己任。

2. 树立良好的企业形象

企业形象是企业被公众感知后形成的综合印象，产品和服务是构成企业形象的主要因素。还有一些因素不是客户直接关注的，但却会影响客户的购买行为，如企业的购物环境、服务态度、承诺保证、品牌知名度和号召力等。

3. 开发令客户满意的产品

产品价值是客户购买的总价值中最主要的部分，是总价值构成中比重最大的因素。客户决定是否购买的首要考虑因素就是商品是否能满足其需求，即商品的价值。这就要求企业的全部经营活动都要以满足客户的需要为出发点，把客户需要作为企业开发产品的源头。

4. 提供客户满意的服务

热情、真诚为客户着想的服务能带来客户满意，所以企业要不断完善服务系统，以方便客户为原则，用产品特有的魅力和一切为客户着想的体贴来感动客户。

练一练

长城饭店的"丝绸之路"主题晚宴

某年初春，一位外国老者来到长城饭店宴会销售部，声称自己是一名学者，刚从我国中西部游历了数月回来，回国前想在长城饭店宴请多位同行业人士及重要贵宾。老者很留恋新疆的风景，希望饭店将宴会厅装饰出西部风情。客人走后，宴会部开始认真策划，最后决定为客人举办"丝绸之路"主题晚宴。

两天后，当老者及数位宾客走进宴会厅时，他们的惊喜无以言表。展现在他们面前的宴会厅宛然一幅中国西部风景图：服务员用黄色丝绸装饰成蜿蜒的丝绸之路；宽大的宴会厅背景板上，蓝天白云下一望无际的草原点缀着可爱的羊群；背景板前两头高大的骆驼昂首迎候来宾，其逼真的形象使人难以相信这是服务人员在两天内制作出来的……面对文化氛围强烈的宴会厅，老者激动地说："你们做的一切大大超出了我的期望，你们是最出色的，这将令我永生难忘。"宴会的成功不言而喻。

几天后，总经理收到了老者热情洋溢的表扬信。他在信中说，回国后他已经向许多朋友谈起了这次宴会，并高度称赞了长城饭店宴会部的员工。

问题：长城饭店为什么给老者留下了非常满意的印象？

任务实施

1. 实施内容

以某企业为例进行客户满意度调查。

2. 实施要求

根据本任务所学知识，选择本市某企业进行客户满意度调查，内容包括：企业基本情况分析；设计客户满意度调查问卷并进行调查（确定调查目标、对象与范围，分析影响客户满意度的因素，设计调查问卷，实际执行调查，回收调查问卷，进行问卷分析并汇总调查结果）；根据调查结果撰写该企业客户满意度分析报告。

3. 实施步骤

（1）组建项目小组，每组 5～6 人，选出一名组长，由组长确定组员的任务，安排项目小组工作进度。

（2）设计调查问卷并进行调查，汇总调查结果，撰写该企业客户满意度分析报告。

（3）制作PPT并在全班进行演示。每个小组完成一份客户满意度分析报告，并且推举一名代表在全班讨论、交流。教师对每一份报告予以批阅评分，对优秀者进行点评。

任务评价

任务评价表

学 习 目 标	评 价 项 目	自我评价（30%）	组间评价（30%）	教师评价（40%）
专业知识 （30分）	了解客户满意的概念、分类			
	掌握影响客户满意度的因素			
	了解客户满意度模型			
专业能力 （45分）	能够设计合理的客户满意度调查问卷			
	找到适合企业实际的满意度测量模型			
	具有为客户提供优质服务的能力			
职业意识 （25分）	责任意识			
	团队合作意识			
	服务意识			
	实践创新意识			
教师建议： 个人努力方向：		评价标准： A. 优秀（≥80分）　　　B. 良好（70～80分） C. 基本掌握（60～70分）D. 没有掌握（<60分）		

任务小结

客户满意是一种心理活动，是客户的需求被满足后形成的愉悦感或状态。当客户的感知没有达到预期时，客户就会不满、失望；当感知与预期一致时，客户是满意的；当感知超出预期时，客户就感到"物超所值"，就会很满意。

影响客户满意度的因素是多方面的：企业因素、产品因素、营销与服务体系、沟通因素、客户关怀、客户期望值等。通过客户满意度模型的分析发现，企业要实现客户满意，就必须把握客户预期、提高客户的感知价值，同时使客户感知价值超越客户预期，客户就会满意。

任务三 客户忠诚及影响因素

任务情境

前段时间，王一迪通过翻阅图书和网上查询资料，学习了客户忠诚的相关知识。马上年关将近，王一迪决定开展一次老客户回馈活动。凡是在本年内消费超过两次的客户，都会获得优惠券奖励及小礼品赠送。于是，客户服务部门加紧与老客户取得联系，对老客户表示感谢，赠送了优惠券及小礼品，并欢迎老客户再次进店消费。经过一个月的努力，年底的销售业绩再创新高，老客户纷纷表示支持与肯定。

> **思考**
>
> 客户满意就等于客户忠诚吗？我们应该怎样才能让顾客变成忠诚顾客呢？

知识储备

一、认知客户忠诚

企业开展客户满意度研究的动机是为了改善客户关系，但满意度只是客户的一种感觉状态。理论上，客户满意度只能说明这种产品或服务可能具有的市场潜力。对企业而言，只有了解了客户对其产品或服务的信任度和忠诚度，才能更好地挖掘潜在客户需求和增加未来市场销售量。

（一）客户忠诚的概念

客户忠诚是指客户对某企业的特定产品或服务产生了好感，形成了偏爱，进而重复购买的一种行为趋向。客户忠诚是客户满意效果的直接体现。

（二）客户忠诚的类型

忠诚顾客一般具有以下的特征：经常重复地购买企业的产品或服务，企业甚至可以定量分析出他们的购买频率；信任企业的产品或服务，支持企业的活动；乐于向他人推荐企业的产品；排斥企业竞争对手的产品或服务。

一般而言，客户忠诚有以下几种类型。

1. 垄断忠诚

垄断忠诚是指客户别无选择下的顺从态度。例如，因为只有一个供应商，客户只有一种选择。这种客户通常是低依恋、高重复的购买者，因为他们没有其他选择，如自来水、煤气、电力等公司就是垄断忠诚的最好实例。

2. 亲缘忠诚

企业的员工甚至员工的亲属会义无反顾地使用本企业的产品，这是一种很牢固的客户忠诚。在很多情况下，选择使用的原因并非对产品或服务本身感到满意，而是因为他们属于这个企业或与这个企业息息相关。

3. 惰性忠诚

惰性忠诚也叫方便忠诚，有些客户出于方便的考虑或是因为惰性，会长期保持一种忠诚。企业可将惰性忠诚作为基础，通过改变自己的产品和服务的差异性增强客户的满意度，并最终真正牢牢地留住客户。

4. 利益忠诚

利益忠诚也叫价格忠诚、激励忠诚，来源于企业给予客户的额外利益，如价格刺激、促销政策激励等。这种忠诚是不稳定的，可能向两极发展。一种情况是客户通过初期的使用后对产品真正感到满意，忠诚变得更加稳定和持久；另一种情况是一旦出现更有吸引力的利益，这种忠诚即会消失。

5. 潜在忠诚

潜在忠诚是指客户虽然拥有却没有表现出来的忠诚，如客户很可能希望继续购买产品或享受服务，却由于特殊原因或客观因素限制了客户的这种需求。例如，客户原本希望再次购买，但企业仅对消费额超过一定额度的客户提供免费送货服务。由于商品运输方面的问题，该客户就放弃了购买。

6. 信赖忠诚

当客户对企业的产品或服务感到满意，并产生一种信赖感时，他们会逐渐形成一种高可靠度、高持久性的忠诚。这类客户对于那些使其从中受益的产品或服务情有独钟，不仅乐此不疲地宣传其好处，还会向他人热情推荐。这类客户是企业最宝贵的资源。

> **拓展阅读** 客户忠诚的层次
>
> 根据客户忠诚度的高低，客户忠诚可以分为四个层次：第一层次，无忠诚感，对企业漠不关心，仅凭偶然因素购买；第二层次，对企业感到满意或习惯，熟悉企业的产品或服务，并有良好的印象，比较习惯去购买；第三层次，对企业品牌产生一定的偏好，了解企业品牌，从心理上认可企业的产品或服务，在同类产品中特别偏好该企业的产品；第四层次，高度忠诚，对企业品牌有强烈的偏好和情感寄托，对企业的产品或服务特别喜爱。客户忠诚的层次越高，购买行为越稳定，所以提高客户的忠诚度是企业的重要任务。

二、判断客户忠诚的指标

1. 客户重复购买的次数

这是指在一定时期内，客户重复购买某种品牌产品的次数。一般来说，客户对某种品牌产品重复购买的次数越多，说明对这一品牌的忠诚度越高，反之则越低。

2. 客户对竞争品牌的态度

一般来说，对某种品牌忠诚度高的客户会自觉地排斥其他品牌的产品或服务。因此，如果客户对竞争品牌的产品或服务有兴趣并有好感，就表明他对该品牌的忠诚度较低；反之，则说明他对该品牌的忠诚度较高。

3. 客户对价格的敏感程度

客户对价格都是非常重视的，但这并不意味着客户对价格变动的敏感程度都相同。事实表明，对于喜爱和信赖的产品或者服务，客户对其价格变动的承受能力强，即敏感度低；而对于不喜爱或不信赖的产品或服务，客户对其价格变动的承受力弱，即敏感度高。

4. 客户对产品或服务质量的承受能力

任何服务或产品都有可能出现质量问题，即使是名牌产品或服务也很难避免。如果客户对该品牌的忠诚度较高，当出现质量问题时，他们会采取宽容、谅解和协商解决的态度，最多由此失去对该产品或服务的偏好。相反，如果客户对品牌的忠诚度较低，当出现质量问题时，他们会深感自己的正当权益被侵犯了，从而会产生强烈的不满，甚至会通过法律手段进行索赔。

5. 客户挑选时间的长短

客户购买产品都要经过精挑细选、货比三家，但由于信赖程度的差异，对不同品牌的挑选时间是不同的。通常，客户挑选的时间越短，说明他对该品牌的忠诚度越高；反之，则说明忠诚度越低。

6. 客户购买费用占比的大小

客户购买某一品牌产品的费用占购买同类产品费用总额的比值较高，即购买该品牌的比重较大，说明对该品牌的忠诚度较高，反之则较低。

三、影响客户忠诚的因素

一般来说，客户满意度越高，客户的忠诚度就会越高；客户满意度越低，客户的忠诚度就会越低。可以说，客户满意是推动客户忠诚的最重要因素。

1. 客户满意的程度

满意则可能忠诚。满意使重复购买行为的实施变得简单易行，同时也使客户对企业产生依赖感。

2. 客户因忠诚获得的利益

追求利益是客户的基本价值取向。客户一般乐于与企业建立长久关

> **做一做**
>
> 谈一谈你所忠诚的企业或者品牌，你为什么会对它忠诚度比较高呢？
>
> _____
> _____
> _____
> _____

系，其主要原因是希望从忠诚中得到优惠和特殊关照，如果能够得到，就会激发他们与企业建立长久关系。如果老客户没有得到比新客户更多的优惠，那么就会限制他们的忠诚。这样老客户会流失，新客户也不愿成为老客户。因此，企业能否提供忠诚奖励将会影响客户是否持续忠诚。

3. 客户的信任和情感

由于客户的购买存在一定的风险，客户为了避免和减少购买过程中的风险，往往总是倾向于与自己信任的企业保持长期关系。

情感对客户忠诚的影响越来越大。这是因为企业给予客户利益，竞争者同样也可以提供类似的利益，但竞争者难以降低在情感深度交流下建立的客户忠诚。

4. 客户是否有归属感

假如客户感到自己被企业重视、尊重，有很强的归属感，就会不知不觉地信任企业，因而忠诚度就高。假如客户感觉自己被轻视，没有归属感，就不会信任企业，忠诚度就低。

5. 客户的转换成本

转换成本是指客户从一个企业转向另一个企业需要面临多大障碍或增加多少成本，即客户为更换企业所需付出的各种代价的总和。转换成本可以归为以下三类：第一类是时间和精力上的转换成本，包括学习成本、时间成本、精力成本等；第二类是经济上的转换成本，包括利益损失成本、金钱损失成本等；第三类是情感上的转换成本，包括个人关系损失成本、品牌关系损失成本等。相比而言，情感的转换成本更高。

6. 企业对客户的忠诚度

忠诚应该是企业与客户之间双向的、互动的行为，不能追求客户对企业的单向忠诚，而忽视了企业对客户的忠诚。如果企业对客户的忠诚度高，一心一意地为客户着想，能够不断为客户提供满意的产品或者服务，就容易获得客户的忠诚。相反，如果企业不能为客户着想，不能持续地为客户提供满意的产品或服务，那么客户的忠诚度就低。

7. 员工对企业的忠诚度

研究发现，员工的满意度、忠诚度与客户的满意度、忠诚度之间呈正相关关系。一方面，只有满意的、忠诚的员工才能愉快熟练地提供令客户满意的产品和服务；另一方面，员工，尤其是关键员工的满意度、忠诚度会影响客户对企业的评价，进而影响其对企业的忠诚度。

四、提高客户忠诚的有效途径

如何提高客户忠诚是企业实践和市场营销理论研究共同关注的重要问题。忠诚的客户是企业获取并保持竞争优势的源泉，提高客户忠诚和获取客户忠诚一样重要。

1. 不断提高产品或服务质量

客户与企业产生关系是基于对产品或服务需要的基础上，所以企业提供优质的产品或服务是客户建立忠诚的前提条件、立足之本。基于此，企业要不断对产品提质升级，不断满足客户的个性化需求。在保证产品功能价值的基础上，提升客户的社会价值、体验价值等。基于优质产品，提供优质的产品售前、售中和售后服务，与客户建立良好的沟通反馈机制，确保客户满意，从而建立或者提高客户忠诚。

2. 优先礼遇

优先礼遇是指企业在与客户沟通的过程中带给客户的差异化独特性感知，即客户能够感知到企业对待或给予的服务比一般的客户更好，并且这种关系的维持可以让客户感受到自己具有相对于其他客户的优先权，如获取额外服务或享受特别的价格等。

3. 有形的回馈

有形的回馈是指从客户立场出发，企业能够提供价格优惠或礼物等，把有形的回馈作为企业对维护客户关系的投资，从而达到维持客户忠诚的目的。客户忠诚计划中的红利回馈，如免费赠送的礼品或礼品券、个人会员积分（积分可换取其他优惠产品或服务等），都可以帮助企业维持和强化客户忠诚。

4. 共同的价值观

建立共同的价值观是客户关系发展的驱动因素中作用最大的一个，并且价值观涉及行为、目标与准则是不是重要、适不适当、对与错的程度，因而可以直接对投入与信任关系产生重要影响。在企业与客户的沟通互动过程中，建立共同的价值观，有利于提升客户对该企业品牌、产品或服务的认可与情感依赖，逐渐提高客户忠诚度。

5. 提高客户转换成本

提高客户转换成本是培育和提升客户忠诚度常见的方法之一。客户转换成本的提高使客户对该企业的客户感知价值变大，不易被竞争者吸引。

练一练

忠诚的"米粉"

小米公司在官方网站建立了小米社区，将有共同爱好、共同价值观的粉丝进行聚拢，通过同城会、"水粉"节等不断提升社区的活力，并在小米社区平台引导粉丝进行内容创造，与核心粉丝用户建立良好的互动关系，通过一系列的优惠措施以及尊崇体验带给核心粉丝更高的溢价。小米还通过微信公众平台解决粉丝遇到的产品售后问题，以解决由产品设计缺陷可能产生的粉丝流失问题。同时，小米在各大媒体社交平台上都保持零距离贴近用户，公司高层管理者每天都会亲自做一系列的客服工作，耐心解答部分用户的提问。总之，小米通过构建稳固的粉丝群，打造集群社区，得到了粉丝的认同与追随。

问题：小米公司是如何提高"米粉"对小米的忠诚度的？

⊘ 任务实施

1. 实施内容

客户忠诚管理实训。

2. 实施要求

根据本任务所学的知识，选择一个常见的产品品牌，针对该品牌的实际情况，提出客户忠诚管理方面的建议。

3. 实施步骤

（1）组建小组，各组选择一个常用的产品品牌，收集相关资料，了解该品牌的客户忠诚度情况。

（2）讨论客户忠诚度调查的工作方案，并设计调查问卷。

（3）在教师指导下，在本校及周边开展这个产品品牌的客户忠诚度调查。

（4）通过现场观察、询问等方法，完成调查报告。

任务评价

任务评价表

学习目标	评价项目	自我评价（30%）	组间评价（30%）	教师评价（40%）
专业知识 （30分）	理解客户忠诚对企业的重要性			
	理解客户满意与客户忠诚之间的差异			
	了解判断客户忠诚的指标			
专业能力 （45分）	能够找出影响企业客户忠诚的因素			
	能够分析企业客户忠诚的类型			
	掌握提高客户忠诚的有效途径			
职业意识 （25分）	责任意识			
	团队合作意识			
	服务意识			
	实践创新意识			
教师建议： 个人努力方向：	评价标准： A．优秀（≥80分）　　B．良好（70～80分） C．基本掌握（60～70分）　D．没有掌握（<60分）			

任务小结

　　客户满意不等于客户忠诚。在当今市场竞争日趋激烈的环境下，客户有了更广阔的选择空间。所以在赢得客户满意后，企业最重要的就是将这种满意转化为客户忠诚。

同步测试

一、单项选择题

1. 企业愿意主动帮助客户，为客户提供便捷服务，这是客户感知服务质量的哪个维度（　　）。

    A. 可靠性　　　　B. 有形性　　　　C. 响应性　　　　D. 保证性

2. 下列关于客户感知服务质量的特性，哪一项是不妥的（　　）。

    A. 抽象性　　　　B. 非全面性　　　C. 相对性　　　　D. 客观性

3. 客户满意级别的界定是（　　）的，它只是为测评客户的满意水平提供了一个相对的标准。

    A. 相对　　　　　B. 正确　　　　　C. 灵活　　　　　D. 固定

4. 客户满意度测评指标体系是用来测评客户满意级别的一组项目因素，也叫（　　）。

    A. 客户满意指数　　　　　　　　B. 客户满意级别

    C. 客户满意数量　　　　　　　　D. 客户满意质量

5. 下列关于员工满意与客户满意的认识，正确的一项是（　　）。

    A. 两者没有关系

    B. 只有满意的员工，才能创造出满意的客户

    C. 正相关关系

    D. 只有满意的客户，才能创造出满意的员工

6. 关于服务质量的认识，正确的一项是（　　）。

    A. 职能质量是指服务过程的产出，即客户从服务过程中所得到的东西

    B. 服务质量一般包括技术质量和职能质量两个方面的内容

    C. 技术质量是指服务推广的过程，即服务人员在向客户提供服务与客户打交道的过程

    D. 服务质量水平的高低完全由服务提供者决定

7. 客户对企业产品的形式层和外延层，如产品的外观、色彩、装潢、品位和服务等所产生的满意称为（　　）。

    A. 物质满意层次　　　　　　　　B. 精神满意层次

    C. 社会满意层次　　　　　　　　D. 产品满意层次

8. 下面关于客户满意的认识，正确的一项是（　　）。

    A. 客户满意与利润目标是冲突的　　B. 客户满意以信息为支撑

    C. 强调以企业为中心　　　　　　　D. 客户满意是静态的

9. 下列不属于客户忠诚衡量指标的是（　　）。

    A. 购买时的挑选时刻　　　　　　B. 对价格的敏感程度

    C. 对品牌的关注程度　　　　　　D. 客户购买产品的次数

10. 下列关于客户满意与客户忠诚关系的认识，正确的一项是（　　　）。

    A. 正相关关系   B. 客户满意等于客户忠诚

    C. 负相关关系   D. 客户满意不等于客户忠诚

二、多项选择题

1. 客户满意度的测试指标通常包括（　　　）。

    A. 美誉度   B. 指定度   C. 销售率   D. 抱怨率

2. 在建立客户满意度指标体系时，必须遵循的原则有（　　　）。

    A. 由企业来确定测评指标体系

    B. 测评指标必需能够控制

    C. 测评指标体系要考虑消费者的特性

    D. 测评指标主要是定性指标

3. 根据客户忠诚度的高低，客户忠诚的层次可以分为以下几个层次（　　　）。

    A. 无忠诚感   B. 高度忠诚   C. 品牌偏好   D. 随性购买

4. 影响客户忠诚的主要要素有（　　　）。

    A. 信任   B. 感知价值   C. 情感   D. 转移成本

5. 客户让渡价值是指客户总价值与总成本的差额部分，它包含（　　　）。

    A. 产品价值   B. 服务价值   C. 人员价值   D. 形象价值

三、判断题

1. 客户忠诚度是建立在客户盈利率基础之上的，因此提供高品质的产品和无可挑剔的基本服务、增加客户关怀是必不可少的。（　　　）

2. 客户满意就是降价销售产品给客户。（　　　）

3. 在客户关系管理中，客户的满意度是由客户的期望和感知两个因素决定的。
（　　　）

4. 期望质量是指超出人们期望又极大满足人的生理尤其是心理需求的质量。
（　　　）

5. 在客户忠诚度与信用等级分类中，客户忠诚度高且客户信用等级也高的是明星客户。（　　　）

6. 客户满意度管理工作是阶段性的，若经营状况良好则不需要进行该项管理工作。
（　　　）

7. 忠诚的客户来源于满意的客户，满意的客户一定是忠诚的客户。（　　　）

8. 满意也可能不忠诚，不满意也有可能忠诚。（　　　）

9. 要建立客户忠诚，商家在定义商业行为时，必须以客户需求为导向。（　　　）

10. 客户的满意程度是由客户的期望和感知两个因素决定的。（　　　）

四、简答题

1. 企业应如何正确对待客户的不满？
2. 分析客户忠诚的影响因素。

五、案例分析题

在地产界有这样一种现象：每逢万科新楼盘开盘，老业主都会前来捧场，并且老业主的推荐成交率一直居高不下，部分楼盘甚至能达到 50%。据悉，万科在深、沪、京、津、沈阳等地的销售，有 30% ~ 50% 的客户是已经入住的业主介绍的，这在业主重复购买率一直比较低的房地产行业，不能不说是一个奇迹。

1. 关注客户体验

万科以其产品为道具、以服务为舞台，营造了一个让消费者融入其中、能产生美好想象和审美愉悦的空间环境与人文环境。万科出售的不仅仅是"商品"和"服务"，更重要的是客户体验——客户在其精心营造的环境中，通过自身的感悟和想象，得到了一种精神上的愉悦。

2. 万科独有的"6+2"服务法

万科独有的"6+2"服务法包括：①"温馨牵手"，即信息透明、阳光购楼；②"喜结连理"，即在合同条款中，尽量多地告诉客户签约的注意事项；③亲密接触，定期发送短信邮件，组织客户参观楼盘；④乔迁，万科举行入住仪式，表达对客户的敬意与祝福；⑤嘘寒问暖，建立客户经理制，跟踪客户需求，解决客户问题；⑥承担责任；⑦"一路同行"，万科建立忠诚度维修基金；⑧"四年之约"，每过四年，万科会回访客户，了解需要改善的地方。

3. 多渠道关注客户需求

万科通过协调处理客户投诉、监控管理投诉论坛、组织客户满意度调查、解答咨询等渠道及时倾听客户需求，为客户提供更符合生活需求的产品和服务。

4. 精心打造企业与客户的互动形式

万科创立"万科会"，通过积分奖励、购房优惠等措施，为购房者提供系统性的细致服务。万科认真对待客户诉求，将客户利益真正落实到行动上。"万科会"与会员间的关系也越来越亲密，逐渐转变为亲人般的相互信任、朋友般的相互关照。

从以产品营销为中心到以客户服务为中心，这将是房地产行业发展的必然趋势。与此同时，服务营销的观念也将推动房地产市场走向更加成熟和理性。

案例思考：

1. 结合案例，分析万科采取了哪些具体措施来实施客户关系管理的。
2. 通过阅读上述案例，分析如何培养客户的忠诚度。

参 考 文 献

[1] 苏朝晖. 客户关系管理：客户关系的建立与维护 [M]. 4 版. 北京：清华大学出版社，2018.

[2] 洪冬星. 客户服务管理体系设计全案 [M]. 北京：人民邮电出版社，2012.

[3] 史雁军. 数字化客户管理：数据智能时代如何洞察、连接、转化和赢得价值客户 [M]. 北京：清华大学出版社，2018.

[4] 覃安迪. 客户服务投诉管理与处理实战技巧 [M]. 北京：中国财富出版社，2015.

[5] 陈晓红，王红. 电商客户服务实务 [M]. 北京：清华大学出版社，2023.

[6] 黄卫伟. 以客户为中心：华为公司业务管理纲要 [M]. 北京：中信出版社，2016.